JN233251

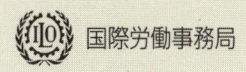

国際労働事務局　欧米企業の実践実例：ILO調査

セクシュアル・ハラスメント

セクハラ防止の具体的な手順と対策

アリアン・ラインハルト　著
ILO東京支局　監訳

日科技連

ILO刊行物中の呼称は国際連合の慣行によるものであり、文中の紹介は、いかなる国、地域、領域、その当局者の法的状態、またはその境界の決定に関するILOのいかなる見解をも示すものではない。

署名のある論文、研究報告および寄稿文の見解に対する責任は原著者のみが負い、ILOによる刊行は、文中の見解に対するILOの支持を表すものではない。

企業名、商品名および製造過程への言及はILOの支持を意味するものではなく、また、企業、商品または製造過程への言及がなされていないことはILOの不支持を表すものではない。

本書はILO本部（ジュネーブ）が下記の書名のもとに刊行した原著を、同本部の許可を得て訳出したものである。

記

Sexual harassment: Addressing sexual harassment in the workplace
A management information booklet
An ILO survey of company practice
［セクシュアル・ハラスメント］

Copyright © 1999 International Labour Organization
日本語版著作権 © 2000 日科技連出版社

はじめに

　職場におけるセクシュアル・ハラスメントへの有効な対応策に、世界中の企業が関心をもち始めています。法律で定められた要件を満たす必要があるのはもちろんですが、セクシュアル・ハラスメントの問題を適切に処理できないと、企業イメージや従業員の愛社精神、ひいては生産性にまで悪い影響を及ぼしかねません。ILOにとってセクシュアル・ハラスメントの問題は、職場環境の改善と働く人々の尊厳を尊重するという中心的課題と直接結びつくものです。

　現在、多くの企業がセクシュアル・ハラスメントに対する方針を定め、プログラムを作成して取り組んでいます。本書は企業で働く多くの方々に現状を知っていただくために、情報を提供する目的で作られました。ですから、この分野の包括的な報告書ではありませんし、ILOの公式な立場を説明するものでもなく、本書で調査結果として紹介される事例をILOが承認するわけでもありません。

　本書は雇用総局の雇用創出・企業開発局が出版するシリーズの一冊目にあたります。このシリーズでは最近の経営上の重要な問題に焦点をあて、多くの方々に企業の実践例をご紹介する一方、ILOの基本的な価値基準と関心事項についても触れていく予定です。

　　　　　　　　　　　　　　　　　　　　ILO雇用総局長
　　　　　　　　　　　　　　　　　　　　ゲーラン・フルティン

監訳のことば

　1999年ILO事務局刊 "Sexual harassment" の日本語訳をお届けできるのは、ILO東京支局にとって大きな喜びである。著者のアリアン・ラインハルト（Ms. Ariane Reinhart, 独）は、当時ILO事務局労使関係・労働行政局勤務、その後ハンブルク大学国際公法研究所を経て、現在はフォルクスワーゲン社に勤務の由と聞く。

　本書は、セクシュアル・ハラスメントに関する欧米14企業の先端的な取り組みについての調査報告である。漸くにしてわが国でも男女雇用機会均等法の改正（1999年4月施行）[1]により、職場でのセクシュアル・ハラスメント防止のための事業主の配慮義務が明文化された。本書が早急な対応を迫られる事業主及び労働組合その他の関係者の方々に、きわめてタイムリーにかつ貴重な情報を提供するものであると信ずる。

　ILOは、その定める国際労働基準においてセクシュアル・ハラスメントについての明確な規定を欠くが[2]、これが1958年の "雇用及び職業についての差別待遇に関する条約（第111号）" によって包摂されるとの合意は広く成立している。同条約は、1998年の "労働における基本的原則及び権利に関するILO宣言" により、世界的に批准または批准に至る努力を求められている八つの中核的条約[3]の一つでもある。

　セクシュアル・ハラスメントとは、何よりも人間の尊厳に関わる問題であるが、企業がこれにより失うもの（金銭的補償、生産性、市場の評価等）もまた多い。一方、その定義は、本調査によっても "受ける側が望まない行為" であるというきわめて主観的なものに帰することに現実的解決を図ることの困難があるが、セクシュアル・ハラスメントを許容しないとする企業の明白な意思表示と研修等によるその徹底、及びいったん起きた場合の慎重ながら毅然たる対処が調査対象企業に共通する方針と見えた。御精読を乞う。

最後に本書の出版を御快諾下さった㈱日科技連出版社及び今回の企画にご協力戴いた㈱創造開発研究所の高橋誠氏に深く感謝申し上げる.

2000年8月22日

ILO東京支局長
早 坂 信 弘

注1) 同法については，監訳者の責任において，本書の資料1〈国内法リスト〉に追加した.
注2) 僅かに一条約にsexual harassmentの使用例がある．本書p.86参照.
注3) 八つの中核的条約とは次のとおり.
　1) 強制労働に関する条約（第29号，日本批准）
　2) 結社の自由及び団結権の保護に関する条約（第87号，日本批准）
　3) 団結権及び団体交渉権についての原則の適用に関する条約（第98号，日本批准）
　4) 同一価値の労働についての男女労働者に対する同一報酬に関する条約（第100号，日本批准）
　5) 強制労働の廃止に関する条約（第105号，日本未批准）
　6) 雇用及び職業についての差別待遇に関する条約（第111号，日本未批准）
　7) 就業が認められるための最低年齢に関する条約（第138号，日本批准）
　8) 最悪の形態の児童労働の禁止及び廃絶のための即時行動に関する条約（第182号，日本未批准）

目　次

はじめに	iii
監訳のことば	v
概　説	ix

第Ⅰ部：セクシュアル・ハラスメントとは何か
　　　　―なぜ対策が必要なのか？―

1. 職場におけるセクシュアル・ハラスメントとは？	3
2. 職場におけるセクシュアル・ハラスメントになぜ対策が必要なのか？	11
3. 何をすればよいのか？	16

第Ⅱ部：企業の対応策

1. 方針の策定	19
2. 方針の実施	27
3. 方針の評価	50

第Ⅲ部：企業の実践実例

1. カッツ・メディア・グループ株式会社	57
2. ノーザン・フーズ　ノーザン・フーズ本社	66
3. フォルクスワーゲン	77

■資料1：セクシュアル・ハラスメントに関する国際文書および国内法リスト	85
■資料2：調査参加企業リスト	104
■資料3：参考文献一覧	105

概　説

　セクシュアル・ハラスメントの意味する行為そのものは、地上に人間が暮らすようになって以来ずっと存在しているものだ。しかし、特に職場において深刻な問題として捉えられるようになったのは、比較的最近にすぎない。実際1970年代中頃までは、この行為を表し、誰もが理解できる共通の用語はなかった。それでもかなり短期間に多くの国でセクシュアル・ハラスメントに関する法的規定が成立し、特に（といっても限定するわけではないが）先進諸国においては、均等な処遇に関連する深刻な問題として広く認識されるようになった。
　セクシュアル・ハラスメントが職場環境および人的資源の観点から非常に重要な問題であり、したがってそれに対処しなければならないと考える企業はますます増えている。

　セクシュアル・ハラスメントとは、不快で、受け手が嫌がる性的行為をさす。これには触れたり撫でまわしたりというものから性的なコメントや会話まで、広範囲のさまざまな行為が含まれる。被害者は、ほとんどの場合女性だが、昇進や雇用の継続など仕事上の利益の代償に性的行為を許すよう圧力をかけられる。これは普通、対価型セクシュアル・ハラスメントと呼ばれている。この他、被害者が敵対的な職場環境に苦しんでいることもある。
　セクシュアル・ハラスメント防止のために使用者側が行動する理由はいくつかある。たとえば企業イメージや訴訟費用の問題もあるし、ストレスに悩む被害者の健康にかかわるコストや欠勤日数を減らすことにもつながる。しかし主たる理由は、倫理上の問題と従業員が個人的に成長し、仕事で十分な成果をあげられるような職場環境を作り出したいという願望にある。

　現代の国際市場は非常に競争が激しく、また変化のスピードも速い。この中で企業が成功するためには、従業員一人ひとりに能力（技能）と創造性を大いに発揮してもらわなければならない。このため、どの企業もセクシュアル・ハラスメントに取り組む必要性

を認識している。多くの企業がこの目的のために明文化した規則を打ち出し、一般的な人事方針にもこの問題への対策を取り入れている。

セクシュアル・ハラスメント防止対策の主な手段としては、研修を実施し、公式・非公式な苦情処理システムを設けることが多い。しかし大切なのは、未然に防止することである。この点で企業の対策が成功するかどうかは、企業の中でも役員クラスの経営幹部が率先して問題に取り組み、従業員を参画させ、対策実施の協力者だけでなくスタッフのすみずみにまで方針を徹底させることにかかっている。

【調査の範囲と目的】

ILOは、使用者側代表の方々から寄せられた要請に応えて、職場におけるセクシュアル・ハラスメント防止のために企業が具体的にどのような対策を実践しているか調査を行なった。この調査結果が刺激剤となって、世界中の企業経営者および管理者の方々がセクシュアル・ハラスメントという不快で有害な問題に対策を講じるよう願うものである。

セクシュアル・ハラスメントを受けない権利は、ILO条約（差別待遇条約、第111号）で定められている雇用および職業における差別を受けない権利に含まれると考えられている。しかしながら、この第111号条約に関する専門家委員会の解釈と、原住民及び種族民条約（第169号条約）で言及されている以外に、ILOではセクシュアル・ハラスメント防止に関する特定の指針を作成してはいない。行動規範や国際労働基準の形でこうした指針を策定するには、ILO加盟国政府および社会的パートナー（労使団体）の同意が必要であり、どうしても時間がかかってしまう。

ILOがこの調査結果を公表する目的は、各国主要企業の実践実例

を紹介することにある。本書中で述べられている企業の方針と実践については、企業の厚意により公にする許可を得たものであり、ILOは他の情報源と合わせて、今までに採られたさまざまなアプローチを例示しようと試みた。

　しかし、これはILOの推奨または支持その他の意見を示唆するものではない。さらに企業例が欧米に限られているからといって、他の地域では状況に対応していないというわけではない。ここで示される事例を通じて、途上国と先進国の企業経営者および管理者の方々がともにセクシュアル・ハラスメントの防止、職場環境の改善、従業員の尊厳を尊重することについてさらなる行動を取るよう希望するものである。

【調査の方法】

　調査は約30社に接触し、14社から回答を得た（**資料2参照**）。多くの場合、調査票は面接と追加データの収集により補完された。したがって、結果は広範囲の標本調査というよりも、いくつかの主要企業の実例紹介となっている。

第 I 部

セクシュアル・ハラスメントとは何か

――なぜ対策が必要なのか？――

1　職場における　セクシュアル・ハラスメントとは？

「セクシュアル・ハラスメントがどう定義されようとも、最優先される原則が一つある。それは、セクシュアル・ハラスメントは受ける側が望まない行為であるということだ」†

　セクシュアル・ハラスメントの定義は、細部やアプローチに違いがあったとしても、一般的には似ている。こうした定義は法律、条例、判例、法的解釈および勧告、企業方針ならびに人事管理に関する研究などに見られるが、どの定義においても共通な要素が一つある。

　それは、セクシュアル・ハラスメントが不快で、受け手はそれを望んでいないということだ。この調査のために行なわれた面接でも、全員が自社の企業方針において「セクシュアル・ハラスメントは望まれない性的行為である」と定義していると回答した。

　職場におけるセクシュアル・ハラスメントの最も一般的な形

---

† Rubenstein, M., *Preventing and remedying sexual harassment at work*, Industrial Relations Services, London, 2nd edition, 1992, p. 1.

態には以下のようなものがある。

■ **肉体的な嫌がらせ**
- 性的行為としてのキス
- 撫でる
- つねる
- さわる、など

■ **言葉による嫌がらせ**
- 人の性や私生活に関する望まれないコメント
- 冗談やほのめかし
- あからさまな性的会話
- 人の容姿や外見に関するきわどいコメント、など

■ **身振りによる嫌がらせ**
- うなずき
- ウインク
- 手、指、脚、腕を使った性的にきわどい身振り、など

■ **文書・絵による嫌がらせ**
- 電子メールでポルノ写真を送る
- ピンナップ写真を飾る
- 望まれないラブレターを従業員に送る、など

■ **感情的な嫌がらせ**
- 性的な理由により孤立させる
- 差別する
- 排除する、など

PART I

セクシュアル・ハラスメントとは何か──なぜ対策が必要なのか？

　セクシュアル・ハラスメントには、特定の性的行為が本当に「望まれない」ものなのか、それをどのように決定するのかという微妙な問題が残されている。今回の調査に協力した企業のほとんどが、いくつかの行為は本質的に望まれないものだと述べている。たとえば、性差別的なコメント、肉体的暴力や身体の特定部分に触るといった行為が挙げられる。

　しかし、その他の行為には判断するのが難しいものもある。たとえば社外の活動に誘うことは望ましいのか望ましくないのか。行為自体は礼儀をわきまえないものではないし、その反応も曖昧なものとなりうる。つまりある種の行為を許容できるか否かは、受け取る側がどう感じるかによるのである。

　この問題は決して単純なものではない。面接に応じた人事部門管理者の何人かは、社内恋愛が日常的社会生活において従業員の間に見られることを認めている。そのような状況下

で、性的要素をもつ行為がセクシュアル・ハラスメントになるかどうかは、その行為が受け手にとって望ましいものか、適切な機会に行なわれたものか、当事者間にやりとりがあったかどうか（これらはセクシュアル・ハラスメントにはあたらない）、それとも不快なものか、差し出がましいものか、相互のやりとりのない一方的なものか、強要されたものかによる。†

調査対象企業の多くは、企業方針の策定の中でセクシュアル・ハラスメントをさらに二つのカテゴリーに分類している。

■対価型ハラスメント

性的な要求に応えるか否かで失業あるいは失業の危機に悩まされることをいう。加害者の要求は明示的なこともあれば暗示的なこともある。

■職場環境型ハラスメント

職場で誰かが脅迫的、敵対的、あるいは不快な職場環境を作り出すことをいう。この種のセクシュアル・ハラスメントでは、必ずしも実態的損失に悩まされるわけではない。

---

† 当該行為が適切な機会に行なわれたものか差し出がましいものか，受け手にとって望ましいものか不快で嫌なものなのか，拒否の意思表示があったかどうかなどの区別は「灰色ゾーン」に陥りがちである．「はい」と言っても実際は「いいえ」かもしれない．各ケースで重要な問題は行為を行なった側の意図ではなく，行為を受けた側の心理的反応である．行為を受けた側が受け身でいたり恐れている場合，行為をする側は誤解して行為を継続する可能性がある（Benton-Powers, S. M., Paterson, L. T., *Sexual harassment in the workplace*, U.S. Library of Congress, 1995, p. 6 参照）．

セクシュアル・ハラスメントの定義で企業が強調していること

[尊厳と敬意]
　「すべての従業員は、差別も嫌がらせもない職場環境において尊厳と敬意をもって処遇される権利を有する。この権利に抵触する行動や行為で当事者が望まないもの、不快なものについてはハラスメントと解釈されることがある。ハラスメントが意図的であろうとなかろうと、重要なのは当事者に与える影響である」
（マンパワー・ヨーロッパ・ブリュッセル）

[職権濫用]
　「単純な規則や定義はない。〈ハラスメント〉は、ある人物が他の人にとって受け入れ難い、あるいはその人が望まない行為をすることをさす。（中略）非常に多くの場合、ハラスメントは権力に関係し、加害者は自分と異なると思われる者、少数派に属する者、権力をもたない者を対象とする」（ノーザン・フーズ）

[主観的見解]
　「ある行動がセクシュアル・ハラスメントかどうかを決めるのは被害者の主観的意見による」（フォルクスワーゲン）

企業の定義に含まれる事項

[対価型ハラスメントと職場環境型ハラスメント]
　「セクシュアル・ハラスメントは意図的か否かにかかわらず、受け手の望まない性的な行為で
- 雇用条件、個人の業績評価、昇進の適格性など雇用に関する要件をほのめかされたり提示された場合、または
- 敵対的、威嚇的あるいは不快な環境を作られ、直接的・間接的に仕事上の耐え難い思いをさせられる場合をいう」（カッツ・メディア）

参　　考

セクシュアル・ハラスメントの二つの法的定義
[アメリカの雇用機会均等委員会（EEOC：Equal Employment Opportunity Commission）による定義]
1980年、EEOCはガイドラインを発表し、違法なセクシュアル・ハラスメントを次のように定義した。
- （相手が）望まない性的な誘い
- 性的行為の要求
- 性的性質をもつ発言または行為

　上記行為への服従が、明示的もしくは暗示的に個人の雇用条件にされる場合、上記行為への服従あるいは拒絶が雇用上の決定の理由として用いられる場合、上記行為が個人の職務遂行を不当に妨害する目的あるいは効果をもつ場合、あるいは脅迫的、敵対的

または不快な職場環境を作り出す場合。

[1991年のEC勧告による定義]
第1条　加盟国が、職場での男女の尊厳を脅かすような性的性質をもつ行為、その他、性に基づく行為に関する意識啓発の行動を取るよう勧告する。上司および同僚による以下のような行為は受け入れ難い。

（a）受け手にとって不快な行為、不合理な行為、威嚇的な行為。

（b）使用者または労働者（上司や同僚を含む）によるそうした行為を拒絶あるいはこれに服従することが、受け手の職業訓練の機会、雇用機会、雇用継続、昇進、賃金などに関する決定の基礎として明示的・黙示的に利用されるような行為。

（c）脅迫的、敵対的または屈辱的な職場環境を作り出すような行為。

◇「恋愛行為」とセクシュアル・ハラスメントとの区別

　「恋愛行為」（社内恋愛）は従業員の間でよく起きることである。当事者の観点からそうした行為は、こちらから望んだもの、こちらから望んだわけではないが歓迎されるもの、強引だが許容されるもの、拒絶するものに区別されうる。†

　ある人事部門管理者が「恋愛行為」とセクシュアル・ハラスメントの違いを次のように説明した。

　「楽しいことも相手が拒絶すればハラスメントになる」

　この点において、今回の調査対象となったアメリカの企業はすべて、組織内で見られるあらゆる「恋愛行為」に否定的であったことは注目される。こうした行為がセクシュアル・ハラスメントを引き起こす可能性があるからである。

　さらにこれらの企業の63％が、親しい関係にある二人が職場で恋愛行為を言葉あるいは肉体的に表現することを認めていない。回答した企業の約42％は上司と部下がデートすることにも否定的である。他方、調査対象となったヨーロッパの企業では、従業員同士の個人的な関係に否定的な方針をもつ企業は17％にすぎなかった。

† Benton-Powers, Paterson, 前掲書, p.5.

2 職場における セクシュアル・ハラスメントに なぜ対策が必要なのか？

> 「セクシュアル・ハラスメントの問題に取り組むということは、すべての従業員の尊厳を重視し、敬意をもって処遇するという一般原則の一部である」（ポール・ブロック　ネスレ人事担当重役）

　今日の企業はセクシュアル・ハラスメントの問題に取り組むよう、ますます圧力をかけられている。この問題は女性に雇用の機会と待遇の均等を図る際の主な障害であり続けている。さらにセクシュアル・ハラスメント問題への対応は時間もかかり高価なものにつく。

　調査対象の企業が、社内でセクシュアル・ハラスメントの問題に取り組む理由として挙げたものには、次のようなものがある。

■法律の遵守

　国の法律や国際的・地域的な規定を遵守し、法に基づく損害賠償などの責任を回避することが、セクシュアル・ハラスメントに対する方針を策定する主な理由である。

■企業倫理

　企業の倫理原則（平等、多様性、すべての従業員を尊厳と敬意をもって処遇する原則など）を適用するという責任が、セクシュアル・ハラスメントへの対策を講じる重要な理由となる。

■生産性

　セクシュアル・ハラスメントは生産性と収益性に直接影響を及ぼすことがある。セクシュアル・ハラスメントが引き起こすストレスが原因で従業員が病気になり、欠勤したり効率が落ちる結果、使用者にとっては疾病給付や健康保険の形でコスト増になる。職場にあってもセクシュアル・ハラスメントの被害者は生産性が落ち、やる気をなくす傾向にあるので、業務の質量ともに影響がでる。†

■コスト

　アメリカ以外の賠償額のレベルは、アメリカのそれとは比較にならないが、上昇傾向にある。コストには、企業側がセクシュアル・ハラスメントの法的訴訟にかかわる際の準備や処理を行なう事務コストも含まれる。

■イメージ

　良い職場環境は、消費者や将来従業員となるかもしれない人々の意見に良い影響を与えうる。さらに顧客層の変化

---

† Rubenstein、前掲書、p. 10.

という点からも、女性は顧客としての重要性を増しており、ジェンダー問題に関して前向きなイメージを創り出すことが必要である。

■ その他

セクシュアル・ハラスメントに対して強い姿勢で臨むことは、職場における異文化間の違いを克服し、統一された企業の一体感を形成するのに役立つ。これは、異なる文化背景をもつ企業の合併が増えていることを考慮すると非常に重要である。

法律の遵守に加えて、調査対象企業の4分の3がセクシュアル・ハラスメント対策を講じる最も重要な理由として、企業倫理を挙げている。生産性とイメージも非常に重要である（40％）が、コストの重要性はこれよりも低い（27％）。

その他重要な理由として、顧客層（女性客の増大）、前向きな職場環境、セクシュアル・ハラスメントが被害者、加害者そして企業に与える影響などが挙げられている（図1）。

図1　セクシュアル・ハラスメントに取り組む理由

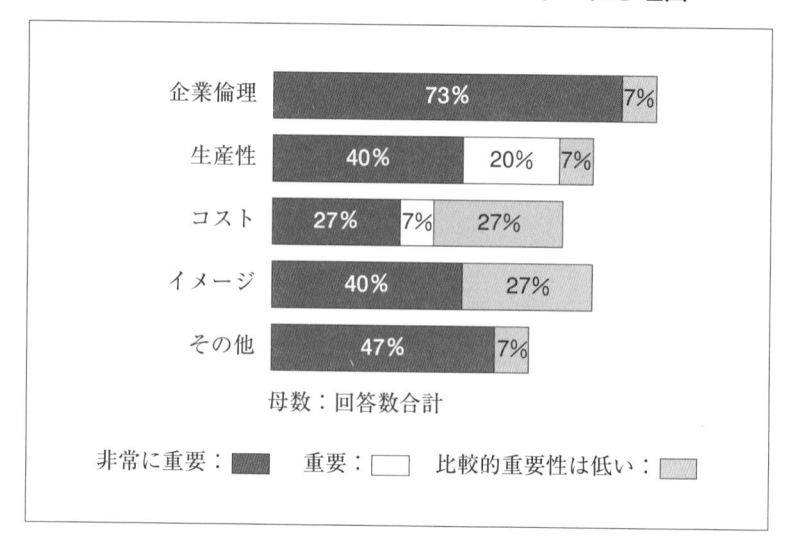

企業倫理	非常に重要 73%		比較的重要性は低い 7%
生産性	40%	重要 20%	7%
コスト	27%	7%	27%
イメージ	40%		27%
その他	47%		7%

母数：回答数合計

非常に重要：■　　重要：□　　比較的重要性は低い：▨

PART I セクシュアル・ハラスメントとは何か――なぜ対策が必要なのか？――

セクシュアル・ハラスメントが企業と当事者に与えるマイナスの影響

[セクシュアル・ハラスメントの影響とは？]
- 被害者にとっては、怒り、恐れ、憂鬱、それに無力感や混乱を意味する。肉体や神経が病んでしまうこともあり、職場だけでなく家庭の人間関係にも影響を与えることがある。当事者は同じ部門ではもう働けないと感じ、ひどいときには会社で働き続けるのも嫌になる。
- 企業にとっては生産性と勤労意欲の低下、欠勤の増加を意味する。離職率が高くなり新規採用がより難しくなる。顧客サービスが悪くなり業績が悪化する。企業の評判にも悪い影響を及ぼす。
- 加害者にとっては解雇をも含む懲戒処分を意味する。賠償命令や罰金、または6ヵ月以下の禁固刑の可能性もある。

(シェル／イギリス)

3 何をすればよいのか？

　面接を行なった企業の大多数が、セクシュアル・ハラスメントに対して特定の企業方針（33％）や、ハラスメント対策を含む一般的な企業方針（55％）をもっている。このことから、セクシュアル・ハラスメントに関する方針を社内で策定することが必要だという明確な共通認識があることがうかがわれる。

　またセクシュアル・ハラスメントに関する国の法律がある場合には、企業方針もその法的要件を反映したものでなければならない。したがって、この問題に取り組む際にまず重要なのは、企業所在国の法規制がどうなっているかを確認することである。いくつかの国の関連法リストを巻末〈**資料1**〉に掲げた。

　しかし、仮に国の法律に基づく法的要請がないにしても、セクシュアル・ハラスメントに関する企業方針を確立する理由はいくつもある。たとえば、世界的な国際企業の場合には、最も適切だと思われる実践実例を参考にして、最高水準の法規制にも対応したグローバルな企業方針を策定するだろう。

　第Ⅱ部では、職場におけるセクシュアル・ハラスメント問題に取り組む企業が講じている主な対策について概観する。

第 II 部

企業の対応策

第 II 部

企業の対応策

1 方針の策定

　調査対象企業の回答を分析すると、セクシュアル・ハラスメントに対する方針や対策に完全なものがないのは明白である。これは第一に、満足できる苦情処理システムを作ることが困難だからであり、第二に組織や企業によって違いがあるからである。しかしセクシュアル・ハラスメントに対する企業方針を策定する際に必要な原則的ステップはあり、これを以下に述べる。

■ 法的規制を確認する

　セクシュアル・ハラスメントに関する企業方針を策定する際に欠かせない重要なステップは、国あるいは必要であれば一国の境界を超えた（たとえばEU）法的規制の状況を確認することである。さらに企業方針は、一定期間ごとに法的要請に適合しているかどうかを確認し続ける必要がある。セクシュアル・ハラスメントに関する国際文書や各国の法律については、網羅したものではないが、巻末〈**資料1**〉にリストを掲げた。

ここで重要なのは、方針を適用する範囲である。すなわち一国に限定して適用するのか（たとえば、企業本社の所在国など）、それとも従業員がいるすべての国に適用するのかという問題である。

　実際には調査対象企業のいくつかは、各国に置かれた活動拠点がそれぞれの国の法律に合った方針を定めることを義務づけている。そうした企業の一つは、セクシュアル・ハラスメントをなくすという原則を実行するには、その方がより効果的であり、統一的な方針では文化も法律も異なる各国の状況に対応できないと述べている。

　しかし、一国における方針を国際的な「ガイドライン」として使用している企業もある。方針の適用範囲については調査対象企業が完全所有している企業に対しては100％、合弁

図2　方針の適用範囲

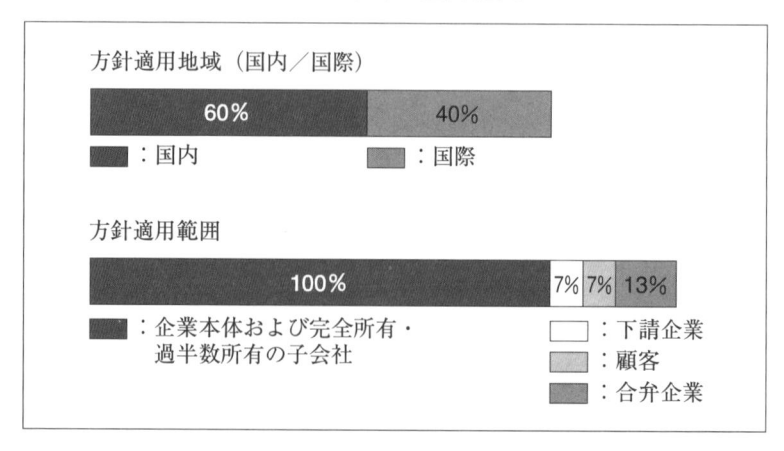

方針適用地域（国内／国際）
- 国内：60％
- 国際：40％

方針適用範囲
- 企業本体および完全所有・過半数所有の子会社：100％
- 下請企業：7％
- 顧客：7％
- 合弁企業：13％

企業に対しても13％が適用している。また下請企業や顧客にもそれぞれ7％が適用している（図2）。

■ 方針の策定に参加する関係者

　もう一つの基本的な問題は、誰が方針の策定にかかわるかということである。調査によればこの問題は、主に各企業の背景にある労使関係によって異なる。

　たとえば、アメリカの企業は外部コンサルタントを使う傾向が強く、ドイツの企業では労使協議会が方針策定にかかわることが多い。企業の国籍にかかわらず調査対象のいずれの企業においても人事部門がセクシュアル・ハラスメントの方針策定に関与している（図3）。

　企業の背景にある労使関係は、方針策定のプロセスをどこから始めるかという決定にも重要な役割を果たしていることがわかった。

　たとえば、ドイツの企業は以前に取り決めた社内協定を方針策定の土台とする傾向がある（ある企業は「女性の進出に関する基本原則」という社内方針を参考にしていた）。別の企業は外部の基準を方針策定の資料として用いた。調査対象企業のすべてが国内の法的規定を参照していた（図4）。

図3 方針策定に参加しているのは？

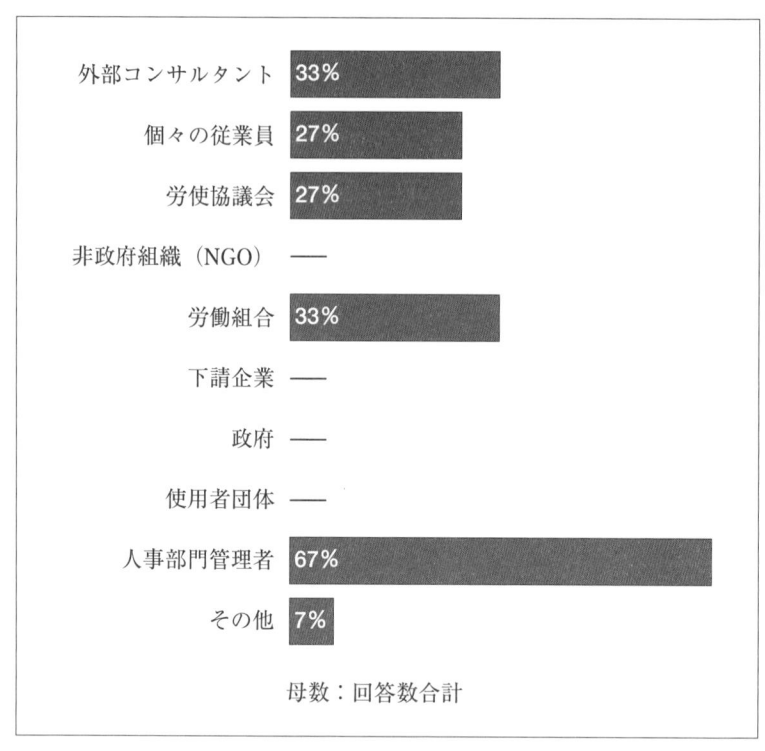

- 外部コンサルタント 33%
- 個々の従業員 27%
- 労使協議会 27%
- 非政府組織（NGO） ―
- 労働組合 33%
- 下請企業 ―
- 政府 ―
- 使用者団体 ―
- 人事部門管理者 67%
- その他 7%

母数：回答数合計

図4 方針策定の際に参照した資料

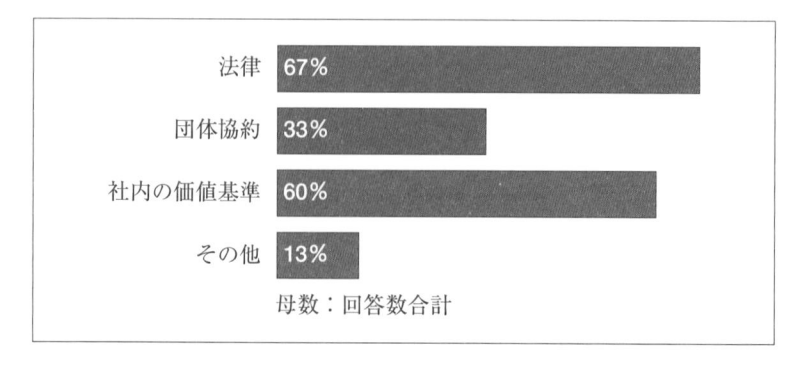

- 法律 67%
- 団体協約 33%
- 社内の価値基準 60%
- その他 13%

母数：回答数合計

■ 方針を明確に定義する ─ 断固たる態度を伝える ─

　調査対象企業のすべてが、組織の中ではどのような形のセクシュアル・ハラスメントも許されないし認められない、という非常に明確なメッセージを方針の中で明らかにしなければならないと考えている。

　調査対象企業のうち方針をもつ企業の過半数（73％）は、どのようなセクシュアル・ハラスメントも許さないという大前提に基づき、該当する行為と該当しない行為の定義をはっきりさせ、従業員の行動基準の確立に焦点を絞った方針を打ち出している。

多くの企業が選択している方針

[断固たる態度]
　1997年10月、フォード自動車の前会長アレックス・トロットマンは世界中の従業員に対して通達を出した。文書の題名は「どのようなハラスメントも許さない」。以下は通達の抜粋である。

　「人材は我々の最も価値ある資産である。フォードを世界一流の企業にしているのは世界一流の人々であり、我々の力を結集した能力がこの会社を偉大なものにしているのである。私はここでどのようなハラスメントも許さないという企業の責任─そして私の責任─を今一度繰り返しておきたい。

(略)

　職場には異なる人々が集っている。当社の方針の精神と目的をきちんと理解し、いかなる無礼な言葉も不適切な行為も容赦されることはないことを肝に銘じておかなければならない。したがって、許容基準の違反は重大な違法行為とみなされ、就業規則の原則に沿って取り扱われる」（フォード自動車）

■ 方針を明確に定期的に伝達する

◇従業員に方針を早くから伝える

　従業員に会社の方針を早くから伝えることは、職場におけるセクシュアル・ハラスメントの防止にとって非常に重要である。調査対象企業の33％が、新規採用の従業員に対して採用段階で方針を伝えており、47％は最初の数日間に、27％はその後、たとえば1カ月以内に行なわれる一般的なオリエンテーションの中で伝えている（図5）。

図5　従業員にいつ方針を伝えているか

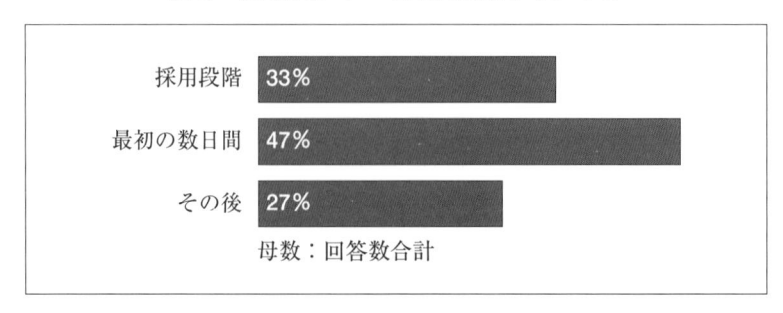

採用段階	33％
最初の数日間	47％
その後	27％

母数：回答数合計

◇社内の伝達手段を通じて方針を広報する

調査対象企業の大多数（80％）は、効果的な防止策として定期的に方針を伝達すること、たとえばイントラネットや連絡メモ、電子メール、社内広報誌、掲示板の告知、ポスター、会議などを利用することを強調している（図6）。

図6　以下に挙げる対策を一つ以上実施している企業

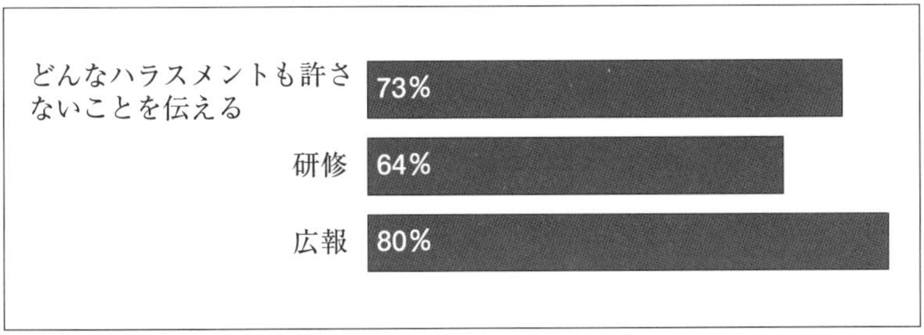

どんなハラスメントも許さないことを伝える	73％
研修	64％
広報	80％

企業が方針伝達に利用しているさまざまな手段

　フォード自動車では、方針を広報する方法の一つとして24時間の社内テレビを利用している。

　ノーザン・フーズでは、会社の広報誌「ノーザン・ニュース」を通じて公平な雇用に関する最新の情報を伝えているが、その中にハラスメントをテーマにした記事も含まれている。

　IBMは、「ハラスメントと不適切な行為」という告知を作成し、すべての従業員がイントラネットを通じてアクセスできるようにしている。また、セクシュアル・ハラスメントに関する社内方針の詳細を伝える従業員向けハンドブック「あなたの仕事について」

も、イントラネットを通じて入手可能である。さらに「相談と申し立ての手順」もイントラネット上に掲載されている。

企業が組み合わせて利用するセクシュアル・ハラスメント防止対策

　フォルクスワーゲンでは、セクシュアル・ハラスメント防止対策として以下の３つの戦略を掲げている。
１．どのようなハラスメントも許さないというメッセージ：
　　セクシュアル・ハラスメントをなくし、防止するという社内協定に沿って、会社が積極的に取り組む。
２．広報：
　　このメッセージを社内のポスター掲示、従業員全員へのパンフレット配布、経営トップの公式発表を通じて宣伝する。
３．研修：
　　研修の機会はすべての従業員に対して開かれている。管理職および経営トップは研修への参加が義務づけられている。

2 方針の実施

■ 研修

　一般的に、調査対象企業が職場におけるセクシュアル・ハラスメントの防止対策として何よりも重視しているのは、あらゆるレベルの従業員に、容認できない行為にはどのようなものがあるのかを教育することである。

　調査対象企業の約70％がセクシュアル・ハラスメントに関する研修を含む教育プログラムを実施している。研修は、企業が周到な防止策を取るほどに方針を重視していることをはっきりと示すものでもある。アメリカでは、研修の実施が、「セクシュアル・ハラスメントを防止し、是正するために妥当な配慮を払っている」という使用者側の積極的抗弁を支持する材料ともなっている。†

◇研修の中味
　調査対象企業の研修内容は、以下のものを含むことが多い。

---

† Druce, "Prevent sexual harassment litigation", in *The Young Lawyer*, July/Aug. 1999, p. 8 参照.

たとえば、

- さまざまな形態のセクシュアル・ハラスメントの事例と、それぞれ異なる状況に対応する効果的で適切な行為の紹介。
- ケース・スタディーや具体例を提示し、グループに分かれてのディスカッション。
- 困難な状況における人間関係を体験し、対処法を学ぶロール・プレイング。
- 国や州の法律、最近の判例、現存の団体協約や社内協定などについての基本的な解説。

研修プログラムをもつ企業の86％が、プログラムを開発するために外部コンサルタントと契約したと回答している。ある企業では、外部コンサルタント、労使協議会の青年部代表、それに人事教育部門のメンバーからなる作業グループを設置していた。

◇研修の対象

研修を実施している調査対象企業のすべてが、男女の従業員を一緒に研修している。しかし、ある企業では、新人の女性実習生を対象としてセクシュアル・ハラスメントについての特別な研修を行なっている。これは15～18歳の若い女性にはセクシュアル・ハラスメントに関する基本的な教育が欠けている場合があるという経験に基づくものである。

> **研修の対象例**
>
> フォルクスワーゲンでは、従業員全員に3日間の研修を行なっている。これは管理職、リーダー層、一般従業員、それに労使協議会のメンバーを含む。また、セクシュアル・ハラスメントに関する苦情を申し立てた人に助言する任務を受けもつ社内のジェンダー問題担当者全員に対して9日間の研修コースを提供している。

　回答した企業の57％では、管理職、リーダー層、一般従業員が一緒に研修に参加している。ある企業では、全従業員を対象にした合同研修を行なう一方で、役員にはさらに追加の研修を実施している。

　調査対象企業の約30％は、さまざまな職階の従業員に、異なる研修を実施している。管理職、リーダー層の研修は一般従業員より長く、法律に基づく自分たちの責任と、苦情を受けたりセクシュアル・ハラスメントにつながる事件を目撃した場合に取るべき対処手順について学ぶ。

◇**研修指導者**

　研修を実施している調査対象企業の86％は、外部コンサルタントと契約して研修を行なっている。14％は社内の研修指導者を活用し、43％は人事部門の管理職が研修を実施してい

図7　研修の指導者は？

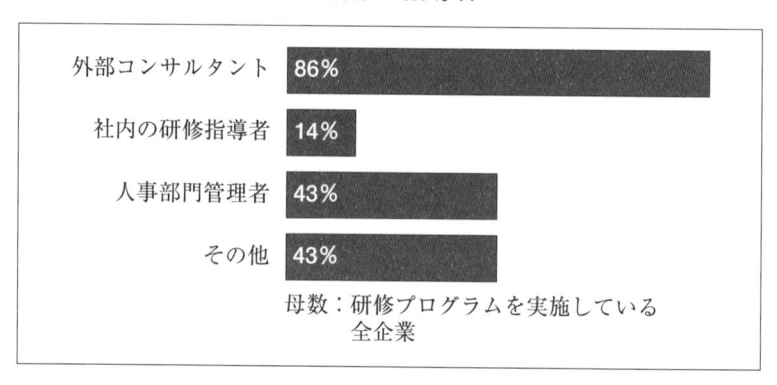

外部コンサルタント	86%
社内の研修指導者	14%
人事部門管理者	43%
その他	43%

母数：研修プログラムを実施している全企業

る。2企業が、現場の管理職を研修指導者として養成するために訓練していると回答している。

　最後に、71％の企業が研修指導者のための特別研修を行なっている（図7）。

◇従業員の責務

　セクシュアル・ハラスメント防止策を確実に成功させるために、従業員が自分たちの行為に責任をもつような方法を取ることがある。たとえば、人事考課などを通じて、会社の方針を積極的に推し進めた従業員に報奨を与えるなどの人事管理上の手段を実施するのである。こうした方法は、昇進、異動、懲戒、解雇などの評価や措置に関する説明としても利用できる。

　調査対象企業の中には、セクシュアル・ハラスメントの問題

> **参　考**
>
> ### まとめ：研修のキー・ポイント[†]
>
> [研修全体の目的]
>
> 1. セクシュアル・ハラスメントを止めさせ、発生を防止する。
> 2. 従業員が適切な行為と不適切な行為とを区別できるようにする。
> 3. 従業員に権利と責任をはっきりと理解させる。
>
> [研修で行なわなければならないこと]
>
> 1. 対象者にセクシュアル・ハラスメントが問題であることを認識させ、より敏感になってもらう。
> 2. 会社の方針と（事態が起きたときの）手続きを効果的に伝える。
> 3. 許容することのできない事柄を明確に理解させ、容認できない行為については懲戒処分につながることを伝える。
>
> [認識されなければならないこと]
>
> 　研修によってセクシュアル・ハラスメントに対する意識が高まるので、最初の研修実施後には、セクシュアル・ハラスメントの被害者が、許せない行為をこれ以上我慢しなくてもよいということを理解して苦情を申し出ることになる。まず、上司や管理職にある者が、苦情に対して適切に対処できるよう訓練しておくことが必要となるであろう。

[†] Rubenstein, 前掲書, pp. 29-30.

を人事管理に反映させているところもある。たとえば、採用や選考、人事評価（セクシュアル・ハラスメントの事実を加害者の人事ファイルに記録するなど）、それに金銭的な報奨や制裁（セクシュアル・ハラスメントをした加害者の給与やボーナスを減額するなど）である。

◇セクシュアル・ハラスメント防止研修に関する人事部門管理者の経験

ある人事部門管理者は、セクシュアル・ハラスメントに対するスタッフの反応を以下のように述べた。

「最初は、多くの管理者がこの問題を重視しすぎていると考えていました。職場環境型ハラスメントの定義は範囲が広すぎて、職場におけるごく普通の悪意のない冗談まで言えなくなってしまうと思ったのです。

（中略）

また、ハラスメントが起きた際の自分たちの責任について心配し、会社がどうやって守ってくれるのかを知りたがりました。女性従業員は、特に入社初期の段階では、職場環境がたとえ快適でなくても今ある状況でうまくやっていかなければならないと考えがちです。研修が終わるまでには、そうした心配について説明がなされ、ほっとします。

管理者は自分たちの役割と責任を理解し、仕事上必要なことと、職場環境を悪化させるかもしれないこととの区別がつ

き、うまく切り抜けられるようになります。女性従業員は報復を恐れることなく気がかりな問題を申し出ることができるようになって安心します」

別の人事部門管理者はこう言った。

「みんなの態度が変わるのがわかります。特に"認識トレーニング"のあとはショックを受けて、もっと気を遣って行動しようとします。セクシュアル・ハラスメントの約80％が無意識のうちに行なわれていることを考えると、このことは特に重要です」

中には、方針と手順のおかげで、セクシュアル・ハラスメントの問題が起きたときに会社側がより細やかに対応できるようになったと述べる人事部門管理者もいる。同時に、従業員は会社に対する信頼感を強めたという。

■ 苦情処理の手続き

　「効果的な防止活動プログラムは、多くの加害者の行為を阻止するであろうが、問題がなくなるわけではない。したがって使用者側は、まずは被害者を救済し、次に加害者に制裁を加える救済のメカニズムを確立することが必要である」（アージャン・P・アグラワル）†

---

† Aggarwal, A.P., *Sexual harassment in the workplace*, Butterworths, Toronto, 1987.

◇セクシュアル・ハラスメント問題に対処する特別な苦情処理手続きの設定

　調査対象企業の人事部門管理者は、苦情処理の手続きは、公式・非公式のものともに、会社がセクシュアル・ハラスメントの苦情を真剣に受け止めることを従業員に確信させるものであることが重要だと述べている。

　調査対象企業の大半（87％）は、通常の苦情処理手続きとは別に、特別な手続きを定めている。セクシュアル・ハラスメントの被害者は苦情を申し立てるのを特にためらう傾向があるからである。

　被害者は、自分が犠牲になることをしばしば恐れる。訴える相手が自分の上司である場合は特にそうである。受けた行為を恥ずかしく思い、事件を報告するのをためらったり、信じてもらえないのではと恐れたりする。

　調査対象企業の73％は、セクシュアル・ハラスメントの苦情処理手続きとして、公式なものと非公式なものを区別している。非公式な手続きには事件が衆目にさらされるのを防ぐという利点がある。

◇非公式な手続き

　非公式な手続きは、ほとんどの場合、申立人による口頭の苦情申し立てから始まる。これは通常、人事部門ではなく、苦情処理担当者（オンブズパーソン）か、守秘義務のあるカ

ウンセラーに対して行なわれる。

調査対象企業で最もよく行なわれている（事例の60％）のは、セクシュアル・ハラスメントに関する苦情を訴えられた加害者と被害者である申立人、それに仲介者（守秘義務のある

> **参　考**
>
> ［非公式な行動の利点］†
> 1. 実際には、多くの被害者がセクシュアル・ハラスメントを非公式な手段で解決したいとまず考える。たとえば加害者に止めてくれるように頼んだりする。これは特に加害者が同僚や部下の場合には適切なことがある。
> 2. 申し立ての際などに、どのようなセクシュアル・ハラスメントの苦情もまず書面にしなければならないと要求すると逆効果になりがちである。報復行動を恐れたり、恥ずかしく思う気持ちから、被害者が問題の申し立てを思いとどまってしまうことがよくあることは知られている。
> 3. しかし、個人が自分だけで問題を解決しようとしても難しすぎることや、恥ずかしくてとてもできないこともある。効果的な手続きとは、これを理解して従業員が守秘義務のあるカウンセラーや同情的な友人からの支持や援助を受けられるようにすることである。

† Rubenstein，前掲書，p. 25 をもとに作成．

図8　非公式手続きにおける段階

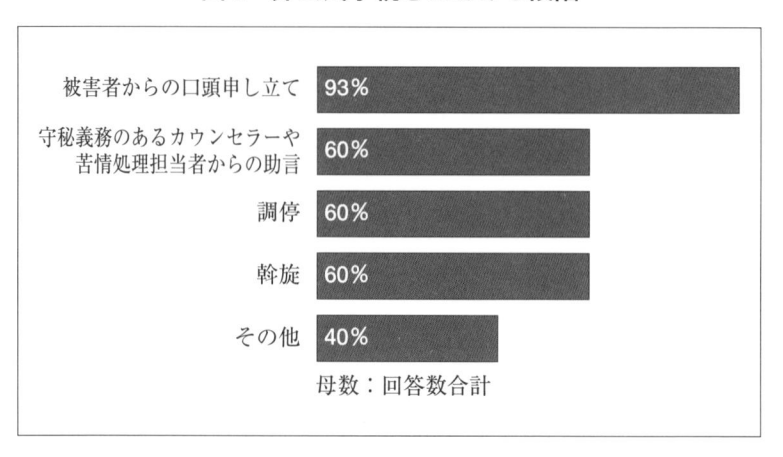

段階	割合
被害者からの口頭申し立て	93%
守秘義務のあるカウンセラーや苦情処理担当者からの助言	60%
調停	60%
斡旋	60%
その他	40%

母数：回答数合計

カウンセラーや苦情処理担当者、人事部門担当者など）が介在する調停である。仲介者は当事者を同席させ、本格的な事実調査に入る以前に問題を解決しようと試みる。

　しかし、企業はこうした解決は、事件の初期や、長年にわたる問題ではないとき、訴えられた加害者が隠し立てせずに議論に参加するとき、そして**被害者がこの方法に同意したときに限るべきだと忠告している**（図8）。†

---

† Bravo, E. ; Cassedy, E. *The 9 to 5 guide to combating sexual harassment*, John Wiley & Sons, Inc., New York, 1992, p. 103 参照。

苦情の申し立てがあったときの企業の対応例

1. まず、自分がセクシュアル・ハラスメントの対象となっていると思ったら、加害者に対して、礼儀正しく止めてくれるよう、行為を繰り返さないよう頼むべきである。経験からすると、その行為が不快で望まれないものであるとはっきりわからせることができれば、止まることがある。

《被害者への助言と援助》

2. 上記の対応がうまくいかないとき、実際的ではないと判断されるとき、事態がより深刻なときには、被害者は「信頼でき、秘密を守ってくれる人物」（POTC: Person of Trust and Confidence）の助言と援助を頼むことができる。POTCは、できるだけ早く内密に会合を設定する。

《厳しい守秘義務を設ける》

3. この段階では、あらゆる情報を可能な限り極秘に扱う。説明の一貫性と正確性を確保するため、POTCは被害者の同意のうえで苦情を書面にすることがある。この守秘義務はいかなる場合にも尊重されるが、会社側に独自の調査を開始する法的責任があるとPOTCが考えるような性質の情報は例外とする。会社が調査を行なう必要がある場合には、被害者およびその代理人との間で話し合う。

《被害者は同僚を同伴させてもよい》
4. この段階で被害者は、同僚あるいは例外的に友人や親戚を同伴させてもよい。
5. POTCは事態を非公式のうちに解決しようと努める。これには被害者および加害者との非公式な個別協議、それに適切なカウンセリングなどが含まれる。これはできるだけ速やかに行なう。

《非公式な解決が困難な場合、被害者は公式手段に訴えることがある》
6. 非公式なレベルで事態を解決できないときには、被害者が公式手段に訴えることを望むことがある。またPOTCが申し立ての深刻度や頻度を考慮して公式手段が必要だと判断することもある。この段階でPOTCは、被害者が訴えるための正規の手続きについて説明する。
（マンパワー・ヨーロッパ・ブリュッセル）

[自分がセクシュアル・ハラスメントの被害にあっていると思ったとき、何をすればよいのか]

こうした行為に対処するには2つの方法があります。非公式な方法と公式な方法です。どちらにしても「ハラスメント・アドバイザー」に相談するのがよいでしょう。

シェルでは全国（イギリス）に多数のハラスメント・アドバイザーを任命しており、被害にあったと考えている方々を支援してい ま

す。その目的は、事態を非公式のうちに解決することです。アドバイザーはボランティアで、あなたの相談に応じ、支えとなりますし、相談内容を口外することはありません。あなたと一緒に、あるいはあなたの代わりに加害者のところへ行き、ハラスメントを止めるように話すこともできます。どの地域のどのアドバイザーに相談しても構いません。アドバイザーは全員が訓練を受けています。
〔詳細は裏面——（方針に添付）〕

　非公式に問題を解決する——セクシュアル・ハラスメントを止めさせるには、非公式な対話や話し合いが最も早く、最も目立たず、最も効果的な手段であることがよくあります。特に、ハラスメントが意図的でないときには役立ちます。自分一人では恥ずかしすぎるとか難しいと考えるときには、ハラスメント・アドバイザーの力を借りるとよいでしょう。

　公式訴えの手続き——非公式な方法ではどうにもならないときや、非公式な方法は適切でないと考えるとき、たとえばその行為があまりにもひどいときには、会社の苦情処理手続きを取るべきです。これは「人事政策と実践マニュアル」（青い本）の中にある服務規定に詳しく書いてあります。具体的な利用方法はあなたの事務所の人事課にお尋ねください。（シェル／イギリス）

◇**公式手続き**

　調査対象企業の過半数（73％）は、非公式な手続きと公式な手続きを区別しており、公式手続きは申立人の書面による苦情が、特に人事部門、苦情処理担当者、労使協議会に送られたときに始まるとしている。今回の調査結果によれば、すべての事例において書面による苦情を受理した後、極秘調査が行なわれている。

　調査対象企業の27％において、申立人は労使協議会を代理に立てる権利がある。ほとんどの企業では苦情は短期間の内（たとえば、書面による苦情受付後一週間）に検討される。調査対象企業の過半数では、人事部門の管理者が調査結果を検討して、次に取るべき行動を決定する（図9）。

図9　公式手続きにおける段階

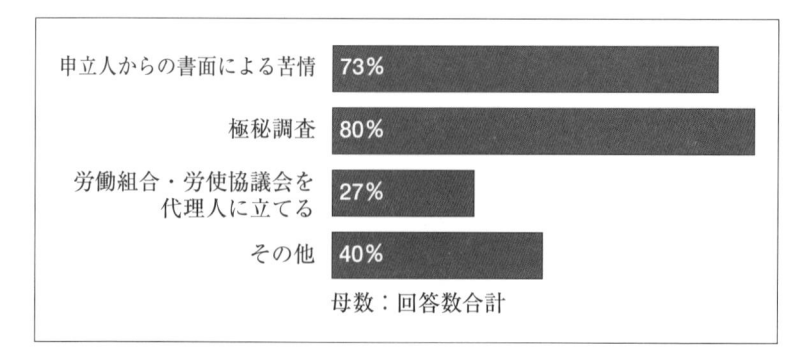

項目	割合
申立人からの書面による苦情	73％
極秘調査	80％
労働組合・労使協議会を代理人に立てる	27％
その他	40％

母数：回答数合計

◇苦情処理にかかわる部署

　通常は、複数の部署がセクシュアル・ハラスメント問題への対処にかかわっている。調査対象企業のすべてにおいて、人事部が関与し、47％の企業では法務委員会・法務部が、33％では企業の苦情処理担当者が、同じく33％では企業の労使協議会がかかわっている。

　ある企業は、最初に申立人から相談を受けた人物がこの手続きに携わり、被害者に心情的な支援を与えることを強調している。被害者が信頼のおける人物として選んだからだ。

　セクシュアル・ハラスメントの苦情を申し出たり、セクシュアル・ハラスメントに該当するかもしれない状況を知らせるのに、ある企業ではセクシュアル・ハラスメント・ホットラインを設置して、企業内の番号案内に通話料無料の番号を掲載している。

　さらに、セクシュアル・ハラスメントとレイプ防止の特別研修を受けた4人のスタッフが、ホットラインの担当に任命され、ポケットベルを携帯している。[†]

[†] Bravo; Cassedy，前掲書，p. 104参照．

> **セクシュアル・ハラスメント対応のメカニズム（企業実例）**
>
> ［セクシュアル・ハラスメント問題の相談窓口］
> 　セクシュアル・ハラスメント問題の相談窓口は、機会均等委員、職員組合、職場のカウンセラー、それに人事部である。
> 　相談窓口は、被害を受けている従業員を支援し、セクシュアル・ハラスメントを止めさせるよう、お互いに協力して適切な行動を取る。
> 　被害者には利用できる法的救済について知らせ、特に、苦情処理委員会に苦情を訴える手続きについて説明する。
> 　苦情処理委員会は職場におけるセクシュアル・ハラスメントに対する保護策を実施する責任を負う。（ABB／スイス）

◇公式・非公式手続きに関する人事部門管理者の経験

　異なるタイプの手続きに関して、人事部門管理者の経験をまとめると以下のようになる。

- 公式・非公式にかかわらず、個々の手続きは、その案件に誰が関与しているのか、被害者がどのような処理を望むのかによりそれぞれ異なる。
- 手続きが単純なものであれば、従業員が苦情を訴えやすい。逆に厳密な公式手続きを定めた場合には、従業員が億劫になり苦情の提出をためらいがちになる。
- 非公式な手続きは、比較的関与する人の数が少なく、素

早く処理できるという利点があり、効率的で安価である。しかし、被害者が自分の事例はもっと深刻なもので、最終的にきちんとした結論を出す必要があると感じている場合には、公式手続きの方に利点がある。
- 非公式な手続きに苦情処理担当者が関与すると、特に当事者の反応を明確にするうえで役立つ。苦情処理担当者は、公式手続きが必要かどうかを判断する人物としても適していることがある。
- どちらの手続きにしても、得られた情報はできるだけ少人数のうちにとどめるべきである。
- どちらの手続きのどの段階においても、事態の悪化あるいは拡大を避けるよう考慮する必要がある。
- 事案はできるだけ速やかに終わらせる。

◇適切な調査手続きを確立する

調査対象企業の人事部門管理者の過半数が、セクシュアル・ハラスメントの疑いのある事例はすべて調査し、書類に残すべきだと回答している。

適切な調査は、事例のあらゆる側面を考慮する必要がある。結論を導き出すのは、事例が完全に解明されたときである。

手続きは速やかに、秘密裡に、そして関係者すべてが公平に扱われたと感じるものでなければならない。調査の結論は明確で、職場におけるハラスメントをなくすという会社の姿

勢を強化すべきものである。†

　調査対象企業の人事部門管理者全員が、どのようなセクシュアル・ハラスメントの調査においても、被害者、訴えられた加害者、それに企業の権利は保護されなければならないと強調している。したがって、企業が標準的なセクシュアル・ハラスメント調査の手続きを設定することが役立つ。それは従業員にとって理解しやすく、すべての問題と調査が慎重に扱われることを強調するものである。

企業の面接ガイドライン実例

[被害者に対する面接のガイドライン]
「よくいらっしゃいました。
　いつ始まりましたか？
　頻度はどのくらいですか？
　どのくらいの期間、続いているのですか？
　何が起きたのか、例を挙げていただけますか？
　あなたは何をしましたか？
　相手に話しましたか？
　相手は何と言いましたか？
　他に何かありますか？」

---

† Deblieux, M., *Stopping sexual harassment before it starts: A business and legal perspective*, American Media Publishing, West Des Moines, 1998, p. 90 参照.

[訴えられた加害者に対する面接のガイドライン]

　当社では、職場を安全で生産性の高い環境に保つよう取り組んでいます。その一環として、私たちはセクシュアル・ハラスメントや職場のいじめに関する訴えについては、すべて調査を行なうと約束してきました。

　調査にかかわるすべての人々を保護し、公平であるために、私たちは次のようなガイドラインを掲げています。

1. 面接は極秘扱いです。職場の他の人々と話し合うことはありません。
2. 調査が行なわれている間、また調査終了後、その結果がどうであれ、苦情を申し立てた人が、そのことを理由に不利な立場に置かれることは一切ありません。
3. この面接の間に、私たちはいくつかの「次の段階」について合意したいと願っています。合意に達したところで、署名した合意書のコピーを面接に参加した両者が保管することとします。（マンパワー・ヨーロッパ・ブリュッセル）

◇秘密の原則を確立する

　調査対象企業の情報を分析した結果、苦情申し立てから調査に至る手続き全体を通して秘密の原則を確立するために、多くの企業が同じようなアプローチを取っていることがわかる。

> **参　考**
>
> [まとめ：調査手続きの段階例]
> 1. 申立人からきちんとした内容の書面による訴えを受理する。
> 2. 従業員用ハンドブックおよび会社の方針に明記された公式手続きに厳密に従う。
> 3. 訴えられた加害者に対し、申し立てられた苦情の内容を詳細に伝え、使用者側との会議の中で苦情に対する答えを求められる前に、助言を得る機会と時間を与える。訴えられた加害者には、申し立てに答える義務はないことも伝えられるべきである。
> 4. すべての会議の記録を取る。
> 5. 訴えられた加害者の回答を、反論が一貫しているか、真実であるかに注意して、慎重に検討する。申し立てに関して、有意義な証拠を提供できると思われるすべての人々から証言を得るべきである。

　ほとんどの企業は、苦情処理の手続きに関与する人数をできるだけ少なく制限して、セクシュアル・ハラスメントの事例が一般に広まらないようにしている。秘密の原則を確立するために、苦情申立人でさえもこの問題について職場で他の人と話し合わないよう注意される。

　ある企業では、極秘扱いを保証するため、苦情の性質と深刻度によっては、重役会にも苦情のことを報告しない場合が

あると回答している。

　別の企業では、この手続きに関与した従業員には、そこで得た情報の秘密を守る旨の誓約書に署名してもらうことを義務づけている。調査にかかわった人々が秘密の原則に違反した場合、処分の対象とする企業もある。

◇訴えられた加害者に対する処分
　調査手続きが完了し、セクシュアル・ハラスメントが起きたことが明確になったときには、会社側は訴えられた加害者に対して処分を行なう必要がある。

　処分には、事例の深刻度と加害者の前歴によって、訓告、停職、異動、解雇などがある。調査対象企業のすべてが、肉体的な暴力の場合には加害者を解雇することに同意している。

　調査対象企業のすべてが、どのような処分を行なうにせよ、違反内容に相応し、時宜を得たものでなければならないと回答している。処分について決定がなされた段階で、訴えられた加害者と、被害者に対して、それぞれ別に機会を設けて説明する必要がある。†

---

† Deblieux，前掲書，p.105参照．

> **参　考**
>
> [被害者は異動させるべきではない] †
> 　セクシュアル・ハラスメントの問題を解決する簡単な方法の一つは、当事者のどちらかを異動させることだと思われるかもしれない。しかし、被害者を異動させると、問題を起こしたのは被害者であるかのように見えてしまう。実際には被害者は職場の規定に何ら違反していない。被害者は問題を報告して、するべきことを単に実行したにすぎない。措置は被害者を苦境に陥れるものであってはならない。

◇**脅迫や報復に対する措置**

　調査対象企業の過半数は、被害者に対する脅迫や報復行為に対して断固たる措置を定めている。こうした措置には加害者の停職処分や異動などがある。ある企業は、脅迫の場合には公式手続きが自動的に開始されると述べている。

◇**セクシュアル・ハラスメントが証明できない事例に対する　対応**

　セクシュアル・ハラスメントが起きたことを「証明する」のは難しいことがよくある、ということも心に留めておかなければならない。調査対象企業はこうした場合、異なるアプロ

---

† Deblieux，前掲書，p. 105参照．

> **企業の実践実例**
>
> ［卑劣な行為は絶対に許さない］
> 「セクシュアル・ハラスメントに関する手続きのどの段階においても、当社はその苦情の結果、被害者または加害者を不当に貶めるような行為を絶対に許さないことを強調しておきます」（ノーザン・フーズ）

ーチを採用している。

　ある企業は、たとえば調査後、問題となる行為がハラスメントには当たらない場合や、訴えられた行為自体が実際には起きていなかった場合には、人事部門が当事者双方にその結論を伝え、それ以上の行動は取らない。訴えた事例が、意図的に偽ったものであることが判明した場合、申立人側を処分の対象とすると答えた企業もいくつかある。

3 方針の評価

　調査対象企業のうち、策定した方針の評価手続きを定めているところは36％にすぎず、モニタリングの手続きを定めているところも43％にとどまっている。調査対象企業の約20％はこれらの手続きを現在策定中と回答している。

◇関係者と外部のアドバイスを取り入れる
　評価手続きに関係するのは通常、人事部門（80％）、外部コンサルタント（80％）、労使協議会（存在する企業の60％）、苦情処理担当者（20％）、それに現場部門の管理者である。たとえば、ある企業では、従業員全員が無記名で記入するアンケートの作成と分析を外部コンサルタントに依頼していた。機会均等実行委員会を設置し、人事部門と外部コンサルタントが共同で機会均等に関するアンケートを作成し、分析した企業もある。
　モニタリング手続きも、評価手続きと同じような顔ぶれで、人事部門（83％）、労使協議会（21％）、苦情処理担当者（33％）、外部コンサルタント（33％）、それに現場部門の管理者が関与している。

◇評価手続きに用いられる基準

　調査対象企業のうち、評価手続きを定めているところは次のような基準を挙げている。

　ハラスメント事例数、セクシュアル・ハラスメントの形態、被害者の反応、苦情処理の過程に関与する重要メンバーとの討議、企業の行なうアンケートの分析などである。

◇評価・モニタリングの頻度

　評価またはモニタリングの手続きを策定している企業のほとんどは、毎年あるいは一年おきにこれを実施すると回答している。ある企業は半年ごとに行なう極秘の企業アンケートにより評価している。評価・モニタリングの結果を、口頭で重役会と労使協議会に報告している企業も2例あった。

> **参　考**
>
> [方針評価のチェックリスト]†
>
> A．防　止
>
> 《方針について》　　　　　　　　　　　　　　Yes　No
> 1. 会社方針には、職場におけるセクシュアル・ハラスメントは許されないこと、そういう事態が起きた場合には、苦情を申し立てる権利があることがはっきりと書かれていますか。　□　□
> 2. 方針は職場における行為のうち何が不適切なものであるかを定義していますか。　□　□
> 3. 以下に挙げる事柄が禁止されていることが明確に示されていますか。
>   a) (相手が) 望まない肉体的接触　□　□
>   b) 不快ないちゃつきと猥褻なコメント、会話　□　□
>   c) ピンナップ写真を貼ること　□　□
>   d) 従業員の体型や外見を貶めるようなコメント　□　□
>
> 《方針の伝達》
> 4. 従業員全員が方針と手続きについてきちんと理解していますか。　□　□

† Rubenstein，前掲書，p. 33-34 をもとに作成．

《責任》　　　　　　　　　　　　　　　Yes　No
5. 管理職にある者は会社の方針を自分の部　　□　　□
   下である従業員に説明する特別な責任が
   ありますか。

《研修》
6. 次に挙げる人たちはセクシュアル・ハラ
   スメントとそれに対する方針、手続きに
   ついての研修を受けていますか。
   a) 人事部門管理者・ジェンダー問題担当　　□　　□
      者（オンブズパーソン）
   b) 労使協議会のメンバー　　　　　　　　□　　□
   c) リーダー層　　　　　　　　　　　　　□　　□
   d) 従業員全員　　　　　　　　　　　　　□　　□
7. 新入社員は、会社の方針とセクシュア　　　□　　□
   ル・ハラスメントに関する手続きについ
   て情報を与えられていますか。

B. 手　続

《非公式な解決手続》
8. 会社の方針は可能な場合、苦情を非公式　　□　　□
   に解決することを勧めていますか。

《助言と支援》
9. 研修を受けたスタッフを任命して、セク　　□　　□
   シュアル・ハラスメントの被害にあった

	Yes	No
従業員に対して、非公式かつ守秘義務を守りつつ助言と支援を与えるようにしていますか。		

《苦情申立手続》

	Yes	No
10. 苦情申立手続では、直属の上司以外の人に苦情を申し立てられるようになっていますか。	☐	☐
11. セクシュアル・ハラスメントに関する苦情とその解決について、中央でモニターするようになっていますか。	☐	☐

《調査》

	Yes	No
12. 苦情処理の期限に関して、明文化して定めていますか。	☐	☐
13. 手続の中で、可能な限り守秘義務がある旨を特に定めていますか。	☐	☐

《懲戒処分》

	Yes	No
14. 方針に対する違反は懲戒処分の対象となることが明記されていますか。	☐	☐
15. 苦情を申し立てた人が、報復や脅迫から守られる措置が取られていますか。	☐	☐

第Ⅲ部

企業の実践実例

カッツ・メディア・グループ株式会社 セクシュアル・ハラスメントに関する方針†

1998年8月3日施行

―――― 告知書 ――――

■ セクシュアル・ハラスメント

　当社は、個人の尊厳に敬意を払う職場環境作りに積極的に取り組んでいます。当社において、セクシュアル・ハラスメントは言葉上のもの、肉体的なもの、環境的なもの、そのいずれであろうと許されるものではなく、容認されることはありません。

　時には、悪気なく、性的なコメントや冗談を言ったり、個人的に言い寄ることもあるでしょう。しかし、そういう行為が相手からは望まないもの、威嚇的なものと受け取られ、セクシュアル・ハラスメントとして認識されることがあります。いろいろな形でのセクシュアル・ハラスメントを止めさせるには、こうした行為が他人に与える影響について、社員の一

───────────────────────
†カッツ・メディア・グループのご厚意により再掲させていただいた.

人ひとりが意識を高めることが大切です。

　セクシュアル・ハラスメントの定義は、何らかの性的な行為で、本人が意図するしないにかかわらず、相手からは嫌がられるもの、そして以下のどちらかに該当するものです。

☐ 暗示的または明示的に雇用契約や雇用条件、人事考課、昇進の適格性、その他の雇用に関する事柄を引き合いにする場合。

☐ 直接または間接的に、敵対的、威嚇的、または不快な職場環境を作り出して、個人の仕事に悪影響を与える場合。

■　■　■

　以下に挙げるのは、一般的にセクシュアル・ハラスメントと考えられる不快な行為のリストの一部です。

☐ 性的な冗談、言葉、悪口を言うことや、言い寄ったり性的な誘いをかけたりすること。

☐ 書面または口頭で、性的な性質をもつ言葉を濫用すること（例：個人を描写するのに性的に貶めたり、下品な言葉を使ったりするなど）。

☐ 性的なものを示唆する物、絵、雑誌、ポスター、漫画を飾ること。

☐ 個人の身体、性的な態度、性的な自慢話、あるいは性的な欠陥についてコメントすること。

☐ 性的行為について質問すること。

☐ 濫用される言語の内容自体は性的でなくても、常に同じ性に対して嫌がらせをすること。

☐ 職場の内外で個人のプライバシーを侵害すること（例：嫌がらせ電話など）。

□ 触る、色目を使う、口笛を吹く、身体を撫でることや、性的なものを連想させる侮辱的または猥褻なコメントを言ったり身振りで示したりすること。

□ 好意的な人事考課、仕事の割当、昇進、雇用の継続などの条件と引き替えに、あるいはそれを口約束して、性的な要求を受け入れさせること。

□ 性的な暴行や脅迫。

■　■　■

　セクシュアル・ハラスメントに関するこのガイドラインは社員全員に適用します。当社がセクシュアル・ハラスメントを見逃したり、大目に見たり、許したりすることはありません。かかわった人物が同僚であろうと、上司であろうと、顧客であろうと、取引先の社員であろうと、当社は加害者が誰であっても、セクシュアル・ハラスメントがあった場合には、必ず報告するよう強く勧めます。

[苦情の申立]

　当社としては、セクシュアル・ハラスメントの被害にあったと信じる人は、加害者に対して、断固として速やかにその行為が不快であることを伝えるよう奨励します。しかし、加害者と被害者間の権力や地位の格差から、そうした対立が不可能な場合があることも理解しています。個人間で非公式に直接話し合うことが効果的でない場合または不可能な場合に

は、次のような手順を追ってセクシュアル・ハラスメントの苦情を申し立ててください。

ⓐ適切な部門のスタッフへ報告

　自分がセクシュアル・ハラスメントの対象になっていると信じる方は、その事実を人事部門に報告してください。苦情を上司や統括責任者に報告し、代わりに人事部門に報告してもらっても構いません。

ⓑ違法行為の説明

　セクシュアル・ハラスメントに関する苦情を公式に解決するためには、不快な行為や違法行為の正確な報告が必要です。

ⓒ苦情申立の期限

　苦情は速やかに報告してください。そうすれば、迅速に対応し適切な措置が取れるからです。しかしこの問題には微妙な側面があり、そうした違法行為が個人に与える感情的な傷も考えあわせて、セクシュアル・ハラスメントに関する苦情については特に期限を設けません。苦情の申し立てが遅くなったとしても、それが原因で当社が解決のために行動しないということはありません。

［苦情の調査］

　当社の担当者（人事部門または上司）がセクシュアル・ハラスメントの申し立てを受けると、速やかに調査が開始され

ます。関係者のプライバシーを守るため、調査は極秘に行なわれます。守秘義務は、状況の許す限り実際的かつ適切な範囲内で、調査期間中を通して守られます。

　苦情は、報告を受けた担当者と人事部門が一緒に調査し、解決の方向へと進めます。調査およびその結果の検討については、以下の者が加わることもあります。地域担当副社長、統括責任者、部長、人事部長、財務部長、社長、会長。

　調査をする際に担当者は、苦情を申し立てた人物の希望を聞きながら行ないますが、調査そのものは担当者が納得のいくまで行ない、調査の状況については苦情を申し立てた人物に逐一報告するものとします。

[苦情の解決]

　セクシュアル・ハラスメントの苦情に関する調査が終了した時点で、当社はその結果とこれから取るべき行動について、苦情を申し立てた人物と加害者とされる人物に連絡します。

　調査の結果、セクシュアル・ハラスメントの事実が確認された場合、加害者は戒告の対象となります。事件を書面にして記録に残し、適切な懲戒手続きを取ります。カウンセリングや研修の受講、昇進の留保、異動、一時的な無給停職処分、金銭的懲戒（減給など）、保護観察、解雇などです。苦情申立人にも、どのような懲戒処分が取られたかを知らせます。

　調査の結果、セクシュアル・ハラスメントが実際にはなか

ったと確認された場合、苦情申立人に適当かつ慎重な方法で結果を連絡します。

　最初の調査の結果、当事者双方にとって満足のいく結論に達しなかった場合、事案は人事部長に報告されます。

　社員でない加害者（例：外部の営業担当者、顧客、依頼主、対立する相手方の法律家、下請業者など）に対しては、当社の懲戒権限は限られたものでしかありませんが、それでもセクシュアル・ハラスメントの被害にあった社員は、ぜひ訴え出てください。当社は、適切な措置を取ることを約束します。救済手段としては、抗議を申し立てる、問題を討議する場を設けて加害者に行為を止めるよう要請する、取引関係の継続を拒否することなどが考えられますが、これだけに限られるものではありません。

[抗議の手順]

　セクシュアル・ハラスメントの調査に直接関係した当事者のどちらかが結果や解決法に不満な場合、その個人は決定に対して抗議する権利があります。不満をもつ側は書面にした訴えを、適宜、人事部に提出してください。

　当社はそれぞれの苦情と、その調査および結果について書面にした記録を保存します。書類は結果の出た日から最低3年間秘密書類として人事部が保存し、新しい事態が起きた場合にはさらに長期間保存されます。

[報復に対する保護]

　セクシュアル・ハラスメントを報告した人物に対する報復措置は許されるものではなく、それ自体がセクシュアル・ハラスメントと同様にみなされます。報復を受けた場合は、ただちに人事部に申し出てください。一つひとつの攻撃行為を調査し、個別に制裁措置を行ないます。苦情を申し立てた当事者ではないが、その調査に協力した人々についても、当社が保護します。

[虚偽の申立]

　当社は、特定の行為がセクシュアル・ハラスメントであるかどうかは、事実に基づいて決められなければならないと認識しています。またセクシュアル・ハラスメントに関する虚偽の申し立てが、潔白な人物に深刻な打撃を与えうることも承知しています。調査の結果、申立人が悪意をもって、またはいい加減な虚偽の申し立てをしていたことが明らかになった場合、申立人は解雇を含む懲戒処分の対象となります。そして、当社は訴えられた人物の名誉回復のために適切な処置を取ります。しかしながら、セクシュアル・ハラスメントに関して誠実な態度で訴えを起こした場合には、その調査結果がどうであれ、仕事に関してマイナスになるような処遇は行ないません。

　当社は、この方針に基づく申し立てによるもの以外にも、

セクシュアル・ハラスメントが起きていると信じるにたる理由がある場合、独自に調査を行なう権利を保持します。

その他の嫌がらせ

当社は個人の尊厳に敬意を払う職場環境作りに積極的に取り組んでおり、人種、宗教、肌の色、出身国、市民権、家系、障害、結婚しているか否か、年齢、性別、軍歴の有無など、関連する法律で定義されている事柄や、連邦法あるいは州法で保護されている性質や条件を基にした嫌がらせや威嚇行為をなくすように努めています。当社では、いかなる種類の嫌がらせも見逃したり許したりはしません。

嫌がらせに関する苦情の申立手順、調査、その結果と懲戒処分については、上記のセクシュアル・ハラスメントに関するガイドラインと同じものが適用されます。

カッツ・メディア・グループ株式会社
セクシュアル・ハラスメントに関する方針の確認書

私は、セクシュアル・ハラスメントに関する会社の方針と社員に対する告知書を読み、理解しました。

_____

社員署名　　　　　　　　日付

_____

社員氏名（ブロック体で）

この確認書は署名のうえ、人事部に返送してください。

ノーザン・フーズ
ノーザン・フーズ本社
ハラスメントに関する方針[†]

　ノーザン・フーズは、雇用に関するすべての慣行、方針、手続きにおいて、機会均等の方針を適用すべく取り組んでいます。この方針の中には、ハラスメントのない環境作りも含まれます。

　ここで二つの重要な問題があります。まず、ハラスメントとは何か。次に、これが当社の機会均等方針の中に含まれるのであれば、なぜハラスメントに関する別の方針が必要なのかということです。

■ハラスメントとは何か？

　ハラスメントとは、人種や性的なこと、障害にかかわる望まれない言動で、受け手にとって不快なものをさします。したがって、不快な状態や苦痛を与えるリスクがある行動や行為はハラスメントになる可能性があります。

　以下のリストは、ハラスメントと考えられうるものを挙げています。しかし、このリストは完全なものではありません。

[†]ノーザン・フーズのご厚意により再掲させていただいた.

単純な規則や定義はないのです。ある人が行なう行為で、他の人にとっては受け入れがたいもの、不快なものをいいます。ハラスメントには、誰かを犠牲にすること、あざけること、いじめること、威嚇することなどがあります。非常に多くの場合、ハラスメントは権力と関係し、加害者は自分とは違う者、少数に属する者、権力をもたない者を対象として選びます。

□肉体的ハラスメント：不必要な接触、暴行、肉体的な脅迫、侮辱したり罵倒するような行為や身振りなど。

□言語によるハラスメント：性交渉の誘い、あてこすり、猥褻なコメント、悪態など。

□非言語によるハラスメント：ポルノやきわどい絵（写真）、物、文書、人種的に不快な文書や視覚に訴える物、落書などを見せること。

□受け入れ難い行為：いじめなどの誹謗・中傷、あざけり、威嚇行為。

■ ■ ■

　ハラスメントは、社員や職場に限られたことではありません。社外の人間（下請業者、取引関係者など）が当社社員によるハラスメントを主張することもありえますし、彼らが本社社員に対してハラスメントを行なうことも考えられます。ハラスメントは職場のみならず、研修会、社交的行事、スポーツ・イベントなどにおいても同様に受け入れ難いものです。

PART Ⅲ

企業の実践実例

なぜ本社のために個別の方針が作られるのか？

　ハラスメントは本社において目立った問題として認識されていないかもしれません。しかし、すべての人がハラスメントのない環境で働く権利をもっています。

　この方針告知書を配布することによって、ハラスメントへの関心が高まるでしょう。また社員の皆さんには、ここに書かれた手続きを通してハラスメントをなくすために立ち上がる方法があることを知っていただきたいのです。

　法律がハラスメントをどう規定しているのかを知っておくのもよいことです。

☐ 判例法では、性別や未婚・既婚の別、人種、民族的出自によるハラスメントは違法な差別と認められています。

☐ 加害者あるいはその他の人物が、苦情申立人に対して、そのことを理由に嫌がらせをするのは違法です。

☐ 判例法では、苦情を真剣に取り上げなかったり、苦情を受けてから速やかに行動を起こさなかった場合も、不正な差別があることを証明する十分な証拠とみなされます。

☐ 肉体的暴行は警察に届け出て、刑事裁判になることがあります。刑罰としては懲役刑もありえます。

■　■　■

　「ハラスメントの手続」は、ハラスメントの苦情を申し立てる際の公正な方法をお知らせするものです。添付書類に詳

細が記されています。

　ハラスメントの訴えは重要な事柄であり、ハラスメントが証明されれば、解雇や法的手続きにつながる違反行為とみなされることもあります。

　職場での支援を強化するため、ハラスメント・カウンセラーを任命し、本社で研修を行なっています。カウンセラーの役割は、ハラスメントを受けていると感じている社員が、自分の置かれている状況について内密に相談できる機会を提供することです。

■　■　■

　この方針は、以下の「ハラスメントの手続」とともに本社社員全員に伝達されなければなりません。

ノーザン・フーズ本社
ハラスメントの手続[†]

■ 原　則

　「ハラスメントの手続」の目的は、性別、年齢、未婚・既婚の別、宗教、国籍、民族的あるいは人種的出自、障害を理由にしたハラスメントに対して、苦情を申し立てる際の公正な方法を提供することにあります。このような性質をもつ苦情は、すべてここに書かれている手続きに沿って適切に調査されます。

　この場合、一般的な苦情申し立ての手続きは適切ではありません。なぜなら、一般的な苦情の申し立てにおいては不満の相手が使用者であるのに対して、ハラスメントの場合は加害者が他の社員であることが多いからです。

　当社は受けた苦情すべてに対して、その深刻度を十分に考慮し、積極的かつ完全に調査を行ないます。上記のいずれの理由によるハラスメントもはなはだしい職務違反であり、懲戒処分が科せられます。

　ハラスメントは、社員や職場に限られたことではありません。社外の人間（下請業者、取引関係者など）が当社社員に

[†] ノーザン・フーズのご厚意により再掲させていただいた.

よるハラスメントを主張することもありえますし、彼らが当社社員に対してハラスメントを行なうことも考えられます。ハラスメントは職場のみならず、研修会、社交的行事、スポーツ・イベントなどにおいても同様に受け入れ難いものです。

定義

ハラスメントとは、人種や性的なこと、障害にかかわる望まれない言動で、受け手にとって不快なものをさします。したがって、不快な状態や苦痛を与えるリスクがある行動や行為はハラスメントになる可能性があります。

- 肉体的ハラスメント：不必要な接触、暴行、肉体的な脅迫、侮辱したり罵倒するような行為や身振りなど。
- 言語によるハラスメント：性交渉の誘い、あてこすり、猥褻なコメント、悪態など。
- 非言語によるハラスメント：ポルノやきわどい絵（写真）、物、文書、人種的に不快な文書や視覚に訴える物、落書などを見せること。
- 受け入れ難い行為：いじめなどの誹謗・中傷、あざけり、威嚇行為。

■ 手　続

　セクシュアル・ハラスメントを受けていると信じる社員は、可能であれば、その行為を行なう人物に対して、その人の行為が不快であり止めてほしいと言うべきです（その際、職場の同僚に同席してもらうのもよいかもしれません）。
　ハラスメントが続くようだったり、どのような理由であれ、社員がハラスメントを行なう人物に直接自分の意思を告げられないときには、次のような手続きを取ってください。

[第一段階]
　人種的なハラスメント、セクシュアル・ハラスメント、障害に関するハラスメントについて質問のある社員、ハラスメントについて苦情を申し立てたい社員は、まず適当なカウンセラーに連絡してください。人事部長や人事担当者も社員を支援できる体制を取っており、本社またはノーザン・フーズ・グループ内でのカウンセラーの紹介などについて相談に乗ります。この段階では誰が相談に乗ることになっても、内容はすべて極秘扱いになります。
　しかし、事態が非常に深刻で人事部長や人事担当者またはカウンセラーが、この時点で情報に基づいて行動を起こさなければならないことも稀にあります。この場合、申し立てた社員には状況をすべてお知らせします。事態が非公式な状態

では解決できないときは、第二段階に進みます。

[第二段階]

　苦情申立人または代理人は、直属の上司に苦情を訴えます。ただし直属の上司が訴えたい当人の場合は、その上の上司に知らせます。いかなる場合にも、公式の手続きを取るよう求められることはありません。

　苦情を受け付けた人物は、24時間以内に書面にして人事部に記録を残します。

　通常の場合、事態が発生してから3カ月以内に申し立ててください。それ以上経ってからの訴えについては、上司が内容を吟味して、行動する責任があると考えたときにのみ考慮されることになります。

[第三段階]

　人事部長は、訴えられた事態とは無関係の役員と一緒に申し立てを調査します（可能であればどちらか一方は、申立人物と同じ性別、または同じ人種であることが望ましい）。申立人と訴えられた加害者は、ハラスメントの手続きに関する書類を渡されます。

　すべての調査は、ここにある手続きに従い、極秘に行なわれます。訴えられた加害者と申立人を含め、関係者はすべて申し立ての最初から調査の最後までの手続きを極秘扱いにす

る義務があります。訴えられた加害者と申立人は、調査中互いに連絡を取ってはいけません。

　調査担当の人事部長と役員は、以下の手続きに沿って調査します。

□申立人および必要であれば代理人との面接。

□訴えられた加害者との面接（まず苦情の詳細については説明せずにその概略を伝え、懲戒処分の可能性、職場の同僚を同伴させる権利、申し立てに関して、調査あるいは懲戒処分の過程で十分に反論する権利があることを説明します）。訴えられた加害者との面接はできれば以下の手順に従います。

- 訴えられた加害者自身が事態について説明し、事実を明らかにする最初の面接。
- 訴えられた加害者がいくつかの詳細な点について質問を受ける別の面接。
- 申し立ての深刻度によっては、調査中、加害者に現給保障のまま業務停止を命じる可能性もある。

□証人との面接。

□申立人と訴えられた加害者は、すべての供述書のコピーを、コピーができ次第渡されます。供述書は、供述した人物と、必要であればその供述を証明する人物に署名してもらいます。

□調査に関係ある事実だけが考慮されます。

□上記の面接は、この順番で行なう必要はありません。

人事部長と役員は共同で、できれば5日以内に、苦情が客観的事実であるか否か、さらに行動を取る必要があるか否かについて決断を下します。

[第四段階]
　懲戒処分が必要であると認められた場合は、懲戒手続きに従って即座に行動します。訴えられた加害者がそれを受け入れないときは、通常の苦情申し立て手続きに沿って救済策を申し立てることができます。
　申立人に対しては、適切な処分が下されたことを伝えますが、その内容の詳細については知らせません。苦情申立人が、処分の結果について不満がある場合には、通常の苦情申し立て手続きに沿って訴えることができます。
　処分が不要の場合には、訴えられた加害者と苦情申立人双方の人事ファイルにそのことを記録します。

　ハラスメントに関する苦情が事実と認められた場合には、加害者は現在の職掌を解かれます。これは懲戒処分の有無にかかわらず実行されます。苦情申立人も、現在の職務をそのまま担当したいかどうか決めることができます。
　苦情が事実とは認められなかった場合や、証拠が不十分な場合には、当事者の意思に反して同じ職場で働くよりも、どちらか一方が異動するか、仕事のスケジュールを変更できな

いかを考慮します。

　ハラスメントの手続きのどの段階においても、当社は苦情申立人、あるいは訴えられた加害者が、苦情を理由に嫌がらせを受けることを決して容認しないことをここに強調しておきます。

1996年7月

フォルクスワーゲン パートナーシップに基づく 社内行動規範[†]

はじめに

　パートナーシップに基づく社内行動規範に表される企業文化は、積極的な社内環境を作る基本であり、会社の経済的成功の重要な前提条件でもあります。

　セクシュアル・ハラスメントは、ほとんどの場合女性が対象となっていますが、出自、人種、宗教などを理由に個人を集団で攻撃したり差別することによって、職場の平和的な人間関係に深刻な障害が生じます。このような行為は、人間の尊厳を傷つけ、個人のプライバシーを侵害するもので、当社規則のいかなる規定とも相容れません。

　こうした行為は、社内に閉塞的でストレスの多い下劣な職場環境を生み出すばかりでなく、従業員の健康にも悪影響を与えます。

　当社はセクシュアル・ハラスメント、嫌がらせ行為、差別の防止に積極的に取り組み、パートナーシップに基づいた職

[†] フォルクスワーゲンのご厚意により再掲させていただいた。英語版はオリジナルのドイツ語をフォルクスワーゲン社内で翻訳したものである。

場環境の促進をめざしています。これは、公共の場における当社の広告や意見にも適用されます。

1．適用範囲
対象：フォルクスワーゲンAG全従業員
場所：フォルクスワーゲンAG工場

2．原　則
　当社規則に基づき、工場従業員全員が職場における平和的な人間関係と、快適な職場環境の維持に努めなければなりません。
　これは、すべての工場従業員がお互いの人格を尊重するということでもあります。
　個人の尊厳を傷つける行為としては、特に、計画的、意図的、不注意に相手を貶めることが挙げられ、次のような例が考えられます。
□ セクシュアル・ハラスメント、たとえば
- 相手が望まない肉体的接触。
- 個人に関する卑猥な発言やコメント、冗談。
- 性差別を助長するようなポスターやポルノ写真などを飾ること（例：ピンナップ・カレンダー）。
- 性交渉の誘い。
- 性的な要求に応じることが、仕事上有利になるような提案をする

こと。
　ある行為がセクシュアル・ハラスメントに該当するか否かは、被害者の主観的な意見により判断されます。
□嫌がらせ行為、たとえば
- 工場従業員やその家族を中傷すること。
- 工場従業員やその家族に関する噂を広めること。
- 意図的に仕事上必要な情報を伝えなかったり、誤った情報を伝えたりすること。
- 脅したり、貶めたりすること。
- 言葉による虐待、傷つけるような行為、あざけりや攻撃的な行為。
- 上司が意図的に部下の信望を落とすような処遇をすること。たとえば、不快な仕事、解決できない仕事、意味のない仕事を与えたり、仕事をまったく与えないなど。

□差別行為、たとえば
- 言葉や書面による人種差別、外国人差別、宗教差別。
- 工場従業員に対するこうした種類の行為。

　上記に挙げた原則は、他社から出向して働いている外部の従業員に対する当社工場従業員の行為にも適用されます。

3. 苦情を申し立てる権利

　上記第2項で説明された原則を侵害され、嫌がらせを受けていると感じる工場従業員で、被害者による個人的な抗議が功を奏さなかった場合、あるいはそれが不適当と思われる場

合には、以下に挙げる担当者または部署に連絡を取ってください。
- 職場の上司
- 労使協議会
- 女性の地位向上コーディネーター
- 人事部
- 医療サービス部

上記の担当者/部署は、事態について連絡があった場合、直ちに、最長でも一週間以内に責任をもって以下のことを行ないます。
- 関係者に対する助言と支援。
- 加害者と被害者に対して、個別または両者同席の面談機会を設け、事実を確認し書面にする。
- 加害者に対して、上記第２項で説明したような職場でのハラスメントの実際、労働法上の規定、そしてそのような行為がもたらす結果について伝える。
- 担当部局に取るべき措置を提案する。さらに既存の手続きの枠内で、適用しうる労働法上の措置があればそれを示す。
- 上記第２項に挙げるようなハラスメントの指摘や苦情については、内密のものも含めてすべて調査する。
- 関係者の要請により、その代理人として人事委員会を含めたすべての話し合いや会議に同席し、助言や支援を行なう。人事委員会は個々のケースの状況に応じて、職場代表委員が会議に参加して

もよいかを決定する。

さらに、被害者となった工場従業員は、信頼できる人物や工場の警備センターにいつでも連絡することができます。

苦情申し立ての一般的な権利に関する労使関係法第84条と第85条は、本項の影響を受けることはありません。

苦情の申し立てが被害者の不利に働くことはありません。

4. 守秘義務

事案に関する情報、個人のデータおよび会議の内容については慎重に取り扱い、事件に無関係の第三者に対しては秘密とします。

5. 処　分

社則第32条に基づき、当社は個々のケースに応じて適切な処分を行ないます。たとえば、以下に挙げるような処分が考えられます。

- 訓告
- 警告
- 懲戒
- 罰金

労働法による処分には、以下のようなものがあります。

- 異動
- 書面による警告

- ●解雇

　これらの処分は、労使協議会と協議のうえ実施されます。

　救済策として、助言やセラピーが提供されることもあります。

　これ以外に、関係する法規（たとえば労働者保護法）が適用されることもあります。

6. 支援策
□ 研　修

　職場におけるセクシュアル・ハラスメント、嫌がらせ、差別、被害者に対する法的保護および上司の責任については、工場従業員を対象とした研修コースの中で、今後も継続的に説明していきます。

　研修は、特に以下の人々を対象にしています。

- ●管理職
- ●職業訓練指導員
- ●社内研修のコーディネーター
- ●人事労務担当者、医療サービス担当者および労使協議会

□ セミナー

　労使協議会の機会均等委員会と女性の地位向上部、それにフォルクスワーゲン・コーチングGmbHとが協力して、さまざまな特定グループを対象としたセミナーを実施します。

□ 情報と教育

　従業員に対する総合的な情報提供および教育キャンペーンの一環として、パートナーシップに基づく社内行動規範の原則をまとめたパンフレットが作られています。また、職場環境改善のための提言および助言は適宜広報されます。
（例：掲示板への掲示）

7. おわりに

　本協定は1996年7月1日に発効します。この協定は3カ月前の事前通告によりその年の年末に無効になることがありますが、1997年12月31日以前に失効することはありません。本協定が失効するとき、たとえば、関連法規や判決が変更されたときなどでも、新しい社内協定が締結されるまでは本協定を有効とします。

　　　　　　　　　　　　ウォルフブルグ、1996年6月27日
フォルクスワーゲンAG

資料1

セクシュアル・ハラスメントに関する国際文書および国内法リスト

　以下に掲げるのは、明確にセクシュアル・ハラスメントを禁止しているか、セクシュアル・ハラスメントを含む基本的な原則（たとえば、性を理由とした差別からの自由、残酷で非人間的な行為や人を貶める行為からの自由、男女平等の権利など）を認めた国際文書や法律のリストである。ただし、このリストはすべてを網羅したものではない。

　セクシュアル・ハラスメントに関する各国の国内法リストの前半は、特にセクシュアル・ハラスメントを扱っている法律を列記した。

　後半は、はっきりとセクシュアル・ハラスメントとの関連を言及しているか、法廷でセクシュアル・ハラスメントを包摂するものとして通常取り上げられる法律や条例についてのリストである。

■国際文書、宣言および決議

【ILO 宣言、条約】

- ILO Declaration on Fundamental Principles and Rights at Work, 1998 (freedom from employment discrimination).
  労働における基本的原則及び権利に関するILO宣言，1998年（雇用における差別からの自由）．
- Tripartite Declaration concerning Multinational Enterprises and Social Policy, 1977.
  多国籍企業及び社会政策に関する原則の三者宣言，1977年．
- Article 20-3 (d) of the *Indigenous and Tribal Peoples Convention, 1989 (No.169)* specifically aims to protect women and men belonging to indigenous and tribal peoples from sexual harassment.
  原住民及び種族民条約（第169号条約）第20条3（d）項，1989年．原住民及び種族民に属する男女を性的嫌がらせから保護することを特に目的とする．
- Although not expressly mentioned, sexual harassment is also considered to be covered under the *Discrimination (Employment and Occupation) Convention, 1958 (No.111)*.
  明文化されてはいないが，セクシュアル・ハラスメントは，1958年に採択された雇用及び職業についての差別待遇に関する条約（第111号条約）に包摂されると解釈されている．

（出典）ILOLEX; http://www.ilo.org
（上記のILO条約を批准した国のリストもILOのホームページに記載されている）

【ILO 決議】

- Resolution on Equal Opportunities and Equal Treatment for Men and Women in Employment, 1985.
  雇用における男女の均等な機会及び待遇に関する決議，1985年．
- Resolution on ILO Action on Women Workers, 1991.
  ILOの女性労働者関連活動に関する決議，1991年．

（出典）ILOLEX.

【国際連合】
〈国連文書〉

- United Nations Charter, 1945 (freedom from distinctions as to sex-art. 1 and 55).
  国際連合憲章，1945年（第1条および第55条，性による差別からの自由）．
- Universal Declaration of Human Rights, 1948.
  世界人権宣言，1948年．
- Covenant on Civil and Political Rights, 1966.
  市民的及び政治的権利に関する国際規約，1966年．
- Covenant on Economic, Social and Cultural Rights, 1966.
  経済的，社会的及び文化的権利に関する国際規約，1966年．
- Convention on the Political Rights of Women, 1952 (article III provides for right of women to hold public office without discrimination).
  婦人の政治的権利に関する条約，1952年（第Ⅲ条で，女性はいかなる差別も受けることなく，公職につく権利があると定めている）．
- Convention on the Elimination of all Forms of Discrimination Against Women, 1979, and the Committee on the Elimination of Discrimination

Against Women's *General Recommendation No. 19: Violence Against Women*, 1992 (CEDAW/1992/L. 1/Add. 15).

女子に対するあらゆる形態の差別の撤廃に関する条約（女性差別撤廃条約），1979年，女子差別撤廃委員会による一般的勧告第19：女性に対する暴力，1992年．

- Declaration on the Elimination of Violence Against Women adopted by the UN General Assembly, 1993 (A/RES/48/104).

女性に対する暴力の撤廃に関する宣言，国連総会で採択，1993年．

（出典）http://www. un. org/womenwatch/daw/cedaw/recomm. htm

〈国連宣言〉

- Vienna Declaration and Programme of Action adopted by the World Conference on Human Rights, 1993 (A/CONF/157/23).

ウィーン宣言および行動計画，世界人権会議で採択，1993年．

- Copenhagen Declaration on Social Development and Programme of Action adopted by the World Summit on Social Development, 1995.

社会開発に関するコペンハーゲン宣言および行動計画，世界社会開発サミットで採択，1995年．

- Beijing Declaration and Programme of Action adopted by the Fourth World Conference on Women: Action for Equality, Development and Peace, 1995.

北京宣言および北京行動綱領，第4回世界女性会議で採択，1995年．

【地域間文書】

〈南北アメリカ〉

- American Declaration of the Rights and Duties of Man, 1948.

人間の権利と義務に関するアメリカ宣言，1948年．
- American Convention on Human Rights, 1969.
アメリカ人権条約，1969年．
- Additional Protocol to the American Convention on Human Rights in the area of Economic, Social and Cultural Rights "Protocol of San Salvador", 1988.
アメリカ人権条約に付する経済的，社会的，文化的権利に関する議定書「サンサルバドル議定書」，1988年．
- Inter-American Convention on the Prevention, Punishment and Eradication of Violence Against Women "Convention of Belem Do Para", 1996.
女性に対する暴力の防止，処罰，根絶に関するアメリカ間条約「パラ州ベレン市条約」，1996年．

（出典）http://www.cidh.oas.org/basic.htm

〈カリブ海諸国〉
- CARICOM Model Legislation on Sexual Harassment adopted by the Ministers of Women's Affairs' Meeting, 1989.
セクシュアル・ハラスメントに関するカリブ共同体モデル法令，女性問題大臣会議で採択，1989年．
- CARICOM Model Harmonisation Act regarding Equality of Opportunity and Treatment in Employment and Occupation, adopted by the Ministers of Labour Meeting, 1996.
雇用と職業における機会待遇均等に関するカリブ共同体モデル協調法，労働大臣会議で採択，1996年．

〈アフリカ〉
- African (Banjul) Charter on Human and Peoples' Rights, 1968.
  アフリカ(バンジュール)人権憲章，1968年．

〈ヨーロッパ〉
- European Convention for the Protection of Human Rights and Fundamental Freedoms, 1952, and its Protocols Nos. 1 to 11.
  人権と基本的自由の保護のための欧州条約，1952年，同議定書1～11．
- European Social Charter, 1961.
  欧州社会憲章，1961年．
- Additional Protocol to the European Social Charter, 1961.
  欧州社会憲章議定書，1961年．

(出典) http://www.coe.fr/eng/legaltxt/e-dh.htm#conv.dh

- EC Directive on Application of Principle of Equal Treatment of Men and Women with Regard to Access to Work, Vocational Training and Promotion and Working Conditions, 1976 (76/207/EEC).
  雇用，職業訓練及び昇進へのアクセス並びに労働条件についての男女均等待遇原則の実施に関する指令，1976年．
- European Council Resolution on the Protection of the Dignity of Women and Men At Work, 1990 (90/C157/02).
  職場における女性と男性の尊厳の保護に関する決議，労働社会相理事会，1990年．
- European Council Declaration of 19 December 1991 on the implementation of the Commission's Recommendation on protecting

the dignity of women and men at work, including the Code of practice on measures to be taken to combat sexual harassment (92/C27/01).
職場における女性と男性の尊厳の保護に関する委員会勧告（セクシュアル・ハラスメントと闘う手段に関する行為規範を含む）の実施に関する宣言，労働社会相理事会，1991年12月19日．
- European Commission Recommendation on protecting the dignity of women and men at work, 1991 (92/131/EEC) and the Code of practice on measures to be taken to combat sexual harassment (1991).
職場における女性と男性の尊厳の保護に関する勧告，セクシュアル・ハラスメントと闘う手段に関する行為規範，EC委員会，1991年．
- European Parliament Resolution on Violence Against Women (1986).
女性に対する暴力に関する決議，欧州議会，1986年．

（出典）http://europe.eu.int

■国内法

【セクシュアル・ハラスメントに関して特に定められた法律】
〈アルゼンチン〉

- Decreto núm. 2385/93 por el que se incorpora la figura de acoso sexual al régimen juridíco básico de la función pública, *Derecho del Trabajo*, 1993-12-00, p.1880.
セクシュアル・ハラスメントを公務の基本法体系に組み込む布告，（出典）2385/93号，「労働法」，1993年12月，p.1880.
- Ordenanza núm. 47506 de la Municipalidad de Ciudad de Buenos Aires sobre el acoso sexual, *Derecho del Trabajo*, 1994-06, p.560.
ブエノスアイレス市セクシュアル・ハラスメント条例47506号，（出

典)「労働法」，1994年6月, p.560.

〈オーストラリア(サウス・オーストラリア)〉
- Equal Opportunity (sexual harassment) Amendment Act (no. 47 of 1997), *Acts of the Parliament of South Australia*, 1997, pp.554-559.
機会均等(セクシュアル・ハラスメント)改正法(1997年47号).
(出典)「サウス・オーストラリア議会法」1997年, pp.554-559.

〈ベルギー〉
- Arrêté royal du 18 septembre 1992 organisant la protection des travailleurs contre le harcèlement sexuel sur les lieux de travail, *Moniteur Belge*, 1992-10-07, No.197, pp.21505-21506.
職場におけるセクシュアル・ハラスメントからの労働者の保護に関する1992年9月18日勅令，(出典)モニター・ベルジュ，1992年10月7日, 197号, pp.21505-21506.
- Arrêté royal du 9 mars 1995 organisant la protection des membres du personnel contre le harcèlement sexuel sur les lieux de travail dans les administrations et autres services des ministères fédéraux ainsi que dans certains organismes, *Moniteur Belge*, 1995-04-06, No.70, pp.8622-8624.
政府機関におけるセクシュアル・ハラスメントからの労働者の保護に関する1995年3月9日勅令，(出典)モニター・ベルジュ，1995年4月6日, 70号, pp.8622-8624.
- Arrêté du gouvernment de la Région de Bruxelles-Capitale du 25 février 1999 organisant la protection de membres du personnel contre le harcèlement sexuel sur les lieux de travail au ministère, ainsi que dans

certains organismes d'intérêt public, *Moniteur belge*, 1999-06-24, No.124, pp.23869-23872.

公共機関等の職場におけるセクシュアル・ハラスメントからの労働者の保護に関する1999年2月25日ブリュッセル首都圏条例，（出典）モニター・ベルジュ，1999年6月24日，124号，pp.23869-23872.

〈ベリーズ〉

- Protection against Sexual Harassment Act, 1996 (No. 10 of 1996), *Official Gazette*, 1996-08-17, pp.79-83.
  セクシュアル・ハラスメント保護法，1996年（1996年10号），（出典）「官報」1996年8月17日, pp.79-83.

〈コスタリカ〉

- Ley núm. 7476, contra el hostigamiento sexual en el empleyo y la docencia, *La Gaceta*, 1995-08-25, núm.97, pp.1-5.
  雇用と教育界における反セクシュアル・ハラスメント法7476号，（出典）「公報」，1995年8月25日，97号，pp.1-5.

〈ニュージーランド〉

- Harassment Act 1997 (No.92 of 1997), *Official Gazette*, p.23.
  ハラスメント法（1997年92号），（出典）「官報」，p.23.

〈フィリピン〉

- Anti-Sexual Harassment Act of 1995 (Act No.7877), *Official Gazette*, 1995-04-10, Vol.91, No.15, pp.2144-2146.
  反セクシュアル・ハラスメント法，1995年（7877号），（出典）「官報」，

1995年4月10日，91巻15号，pp.2144-2146.

〈ポルトガル〉
- Ley núm. 61/91, por la que se garantiza la protección adecuada de las mujeres víctimas de violencia, *Diario da Republica*, 1991-08-13, núm. 185, pp.4100-4102.
  暴力の被害者である女性に適切な保護を保障する法，61/91号，（出典）「共和国日報」，1991年8月13日，185号，pp.4100-4102.

【セクシュアル・ハラスメントを包摂するその他の法律】
〈オーストラリア〉
- Sex Discrimination Act 1984, No.4.
  性差別禁止法，1984年，4号．

〈オーストラリア（ニューサウスウェールズ）〉
- Anti-Discrimination Amendment Act 1997 (No. 9 of 1997), *Statutes of New South Wales*, 1997, Vol.I, p.19.
  反差別改正法，1997年（1997年9号），（出典）ニューサウスウェールズ法令，1997年，I巻，p.19.

〈オーストラリア（クイーンズランド）〉
- Anti-Discrimination Act 1991 (Act. No.85 of 1991).
  反差別法，1991年（1991年85号）．

〈オーストラリア（ヴィクトリア）〉
- Equal Opportunity Act 1984.

機会均等法，1984年.

〈オーストリア〉
- Federal Act to amend the Equality of Treatment Act No.44, *Bundesgesetzblatt*, Part I. 1998-02-27, No.44, pp.605-607
均等待遇法改正連邦法第44号，(出典)「官報」，Ⅰ部，1998年2月27日，44号，pp.605-607.

〈ベルギー〉
- Code Pénal, amendé par la Loi du 30 octobre 1998.
刑法，1998年，10月30日改正.

〈カナダ〉
- Human Rights Act, as amended to 28 February 1992, *Canadian Labour Law Reporter*, 1995-00-00, pp.37307-37317.
カナダ連邦人権法，1992年2月28日改正，(出典)「カナダ労働法通信」，1995年，pp.37307-37317.

〈カナダ（マニトバ）〉
- Manitoba Human Rights Code, 1987, *Statutes of Manitoba*, 1987, Chapter H175.
マニトバ州人権法，1987年，(出典)マニトバ法令，1987年，H175章.

〈カナダ（ニューファンドランド）〉
- Newfoundland Human Rights Code, 1988, *Statutes of Newfoundland*,

1988, Chapter 62.

ニューファンドランド州人権法，1988年，（出典）ニューファンドランド法令，1988年，62章．

〈カナダ（オンタリオ）〉

- Ontario Human Rights Code, *Statutes of Ontario*, 1981, Chapter 53.

 オンタリオ州人権法，（出典）オンタリオ法令，1981年，53章．

〈カナダ（ユーコン）〉

- Yukon Human Rights Act 1987, *Statutes of Yukon*, 1987, Chapter 3.

 ユーコン州人権法，1987年，（出典）ユーコン法令，1987年，3章．

〈フィジー〉

- Human Rights Commission Act 1999 (No. 10 of 1999), *Official Gazette*, Acts, pp.153-176.

 人権委員会法，1999年（1999年10号），（出典）「官報」，法律，pp.153-176．

〈フィンランド〉

- Act on Equality between Women and Men, as amended by law 206/1995 of 17 February 1995, *Finlands Författningssamling Suomen säädöskokoelma*, 1995-02-22, No.206, pp.433-435.

 男女平等法，1995年2月17日改正．

〈フランス〉

- Loi no92-684 du 22 juillet 1992 portant réforme des dispositions du code pénal relatives à la répression des crimes et délits contre les personnes, *Journal Officiel*, 1992-07-23, No.169, pp.9875-9887.

改正刑法典（1992年7月22日改正法律第92-684号），（出典）「官報」，1992年7月23日，No.169, pp.9875-9887.

〈ドイツ〉

● Gesetz zum Schutz der Beschäftigten vor sexueller Belästung am Arbeitsplatz, 24 June 1994, *Bundesgesetzblatt* I S. 1406.
女性と男性の同権を実現するための法律（第2次男女同権法），1994年6月24日，（出典）「官報」IS. 1406.

〈アイルランド〉

● Employment Equality Act, No.21 of 1998, *Official Gazette*, Acts, 81p.
雇用均等法，1998年21号，（出典）「官報」, p.81.
● Unfair Dismissals Act, 1977, *Acts of the Oireachtas*, No.10, as amended to Act No.2, 1981, *Acts of the Oireachtas*, 1981.
不当解雇法，1977年，同改正法，1981年.

〈イスラエル〉

● Employment (Equal Opportunities) Law, 5748-1988, *Labour Laws, State of Israel, Ministry of Labour and Social Affairs, Department of Labour Relations*, Jerusalem, Israel, 1993-01-00, pp.159-163 Israel's Labor Laws, Haifa, Israel, 1995.
雇用（機会均等）法，5748-1988号，（出典）「イスラエル労働法」労働社会省労使関係局，1993年1月, pp.159-163.
（出典）NATLEX

〈日本〉
- 雇用の分野における男女の均等な機会及び待遇の確保等に関する法律，1997年6月改正．
女性労働者に対するセクシュアル・ハラスメントを防止するための事業主の雇用管理上の配慮義務を規定．

〈モーリシャス〉
- Criminal Code (Amendment Act) 1998 (No.13 of 1998), *Government Gazette of Mauritius*, Acts, 1998-08-22, No.90, pp.256-273.
刑法（改正法），1998年（1998年13号），（出典）「モーリシャス官報」，1998年8月22日，90号，pp.256-273.

〈オランダ〉
- Act of 2 March 1994 laying down general rules for the protection against discrimination on grounds of religion, philisophy of life, political conviction, race, sex, nationality, hetero- or homosexual inclination or marital status, *Staatsblad*, 1994-03-31, No.230, pp.1-10.
1994年3月2日の法律で，宗教，信念，政治信念，人種，性，国籍，異性又は同性愛嗜好，あるいは婚姻上の状態による差別から保護するための一般的規定を定めている．（出典）「官報」，1994年3月31日，230号，pp.1-10.
- Act of 29 June 1994 to amend the Working Environment Act in connection with sexual intimidation and aggression and violence, *Staatsblad*, 1994-08-09, No.586, pp.1-2.
1994年6月29日，性的脅迫・攻撃や暴力に関連して労働環境法が改正された．（出典）「官報」，1994年8月9日，586号，pp.1-2.

〈ニュージーランド〉

- Health and Disability Commissioner (Code of Health and Disability Services Consumers' Rights) Regulations 1996 (No. 78 of 1996), *Statutory Regulations*, 1996, Vol.1, pp.290-296.
健康及び障害委員（健康及び障害サービス消費者の権利）法，1996年（1996年78号），（出典）成文法1996年，1巻，pp.290-296.

〈ノルウェー〉

- Equal Status Act 1978, No. 45, *Norsk Lovtidend*, Part I, No.18, 1978, p.395.
平等法，1978年．

〈パラグアイ〉

- Ley núm. 496 que modifica, amplía y deroga artículos de la ley núm. 213/93, que establece el Código del Trabajo, *Gaceta Oficial*, 1995-08-25, núm. 97, pp.1-5.
労働法制定法213/93号条文の改正，拡張，廃止法496号，（出典）「公報」，1995年8月25日，97号，pp.1-5.

〈スペイン〉

- Ley orgánico núm. 11/1999, de 30 de abril, de modificación del Título VIII del Libro II del Código Penal, aprobado por Ley orgánica núm. 10/1995, de 23 noviembre, *Boletín Oficial del Estado*, 1995-05-01, núm. 104, pp.16099-16102.
刑法第2編第8章を改正する4月30日付組織法11/1999号，11月23日付組織法10/1995号で承認．（出典）「国家官報」1995年5月1日，

104号, pp.16099-16102.

- Ley orgánico núm. 10/1995, de 23 de noviembre, del Código Penal, *Boletín Oficial del Estado*, 1005-11-24, núm.281, pag.33987-34058.
11月23日付刑法組織法10/1995号,（出典）「国家官報」, 1995年11月24日, 281号, pp.33987-34058.

〈南アフリカ〉

- Employment Equity Act, 1998 (No.55 of 1998), *Government Gazette*, 1998-10-19, Volume 400, No.19370, 55p.
雇用公平法, 1998年（1998年55号）,（出典）「官報」, 1998年10月19日, 400巻, 19370号, p.55.

〈スウェーデン〉

- Equal Opportunities Act, *Svensk Författningssamling*, 1991-06-07, No.433, pp.1-8.
男女平等法, 1991年.
- Penal Code of 1962, Act No.711, *Svensk Författningssamling*, 1962, No.711 as amended up to Act No.1009 of 1990, *Svensk Författningssamling*, 1990, No.1009.
刑法典, 1962年, 同改正法, 1990年.

〈スイス〉

- Loi fédérale sur l'égalité entre femmes et hommes, 24 mars 1995, *Recueil officiel des lois fédérales*, 1996-06-11, No.22, p.1505.
男女の平等に関する連邦法, 1995年3月24日,（出典）連邦法令集, 1996年6月11日, No.22, p.1505.

〈タンザニア共和国〉

- Sexual Offences, Special Provisions Act, 1998 (No. 4 of 1998), *Official Gazette*, Act Supplements, 1998-07-03, No.4, pp.87-103.
性犯罪特別規定法，1998年（1998年4号），（出典）「官報」，法令補足，1998年7月3日，4号，pp.87-103.

〈タイ〉

- Labour Protection Act 1998, *Government Gazette* (English Translation), 1998-03-00, Vol.52, No.3, 43p.
労働保護法，1998年，（出典）「官報」（英訳），1998年3月，52巻，3号，p.43.

〈イギリス〉

- Sex Discrimination Ordinance (No. 50 of 1995), *Government Gazette*, Legal Supplement, No.1, 1995-07-07, Vol. CXXXVII, No.27.
性差別禁止法（1995年（50号），（出典）「官報」，法令補足1号，1995年7月7日，CXXXVII巻27号.
- Code of Practice on Employment under the Sex Discrimination Ordinance.
性差別禁止法に基づく雇用に関する行動要綱.
（出典）http://www.eoc.org.uk（sdoe.html）

〈アメリカ合衆国〉

- Civil Rights Act of 1964, 42 *United States Code (USC)*, Sections 2000e et seq., as amended by the Civil Rights Act of 1991.
公民権法，1964年（出典）合衆国法（USC）2000節，改正公民権法，

1991年.
- Civil Rights and Women's Equity in Employment Act 1991 (Public Law 102-166), *United States Code Congressional and Administrative News*, 1992, No.11, pp.105-STAT, 1071-1100.
公民権及び女性均等雇用法，1991年（公法102-166），（出典）「合衆国法議会行政ニュース」，1992年11号，pp.105-STAT, 1071-1100.

〈アメリカ合衆国（カリフォルニア）〉
- Fair Employment Practices and Housing Act, *California Government Code*, Section 12940 (West 1987 & suppl.909).
公正雇用慣行及び住宅法，（出典）「カリフォルニア州法」，12940.
- Guidelines on Discrimination (29 CFR part 1604), Federal Register, 1980-11-10.
差別に関するガイドライン（CFR29　1604章），（出典）「官報」，1980年11月10日

〈ウルグアイ〉
- Decreto 37/97 por el cual se reglamenta la ley núm. 16045, referente a la necesidad de hacer efectivo el cumplimiento, sobre la igualdad de trato y oportunidades para ambos sexos en la actividad laboral, *Diario Oficial*, 1997-02-14. núm.24725, pp.1078-A-1079.
労働活動における男女機会均等・平等待遇の実効的な遵守の必要に関する法16045号を規制する布告37/97号，（出典）「官報」，1997年2月14日，24725号，pp.1078-A-1079.

〈ベトナム〉
- Decree on implementation of a number of articles of the Labour Code with respect to female employees, *Foreign Investment Laws of Vietnam*, 1997-02-28, pp.IV-379/IV 385.
労働法典の女子労働に関する特別規定の実施に関する命令，（出典）「ベトナムの外資法」，1997年2月28日, pp.IV-379/IV 385.
（出典）NATLEX

〈ジンバブエ〉
- Mental Health Act, 1996 (No. 15 of 1996), *Official Gazette*, Acts, pp.151-220.
精神的健康法，1996年（1996年15号），（出典）「官報」，pp.151-220.

資料2

調査参加企業リスト

- ABB（スイス）
- ブリティッシュテレコム（イギリス）
- フォード自動車（ヨーロッパ）
- ゼネラルモーターズ（ヨーロッパ）
- IBM
- イケア
- カッツ・メディア・グループ
- ルフトハンザ
- マンパワー・ヨーロッパ・ブリュッセル
- ネスレ
- ノーザン・フーズ（イギリス）
- ロイヤル・サン・アライアンス・ライフ・ユニット・トラスト（イギリス）
- シェル・インターナショナル（イギリス）
- フォルクスワーゲンAG

資料3

参考文献一覧

■ ILO の出版物

- Aeberhard-Hodges, Jane: "Sexual harassment in employment: Recent judicial and arbitral trends", *International Labour Review* (Geneva), 135 (5), 1996.
- Calvo, Serna: *Acoso sexual en las relaciones laborales*, Realsur, No.2. 1994.
- Conference Report: Tripartite Regional Seminar on Combating Sexual Harassment at Work, Manila, 22-26 November 1993.
- *Conditions of Work Digest,* "Combating sexual harassment at work", Vol.11, Geneva, 1992.
- Herbert, Carrie: *Preventing sexual harassment at work*, CONDIT/WP.1/1999.
- Husbands, Robert, "Sexual harassment law in employment: An international perspective", *International Labour Review* (Geneva), 131 (6), 1992.
- *World of Work, The magazine of the ILO,* "Unwelcome, unwanted and increasingly illegal: Sexual harassment in the workplace", March 1997.

■その他の主要文献

- Aggarwal, Arjun P.: *Sexual harassment in the workplace*, Butterworths, Toronto/Canada, 1987.
- Benton-Powers, Susan M.; Paterson, Lee T.: *Sexual harassment: What you need to know*, Crisp Publications, U. S. Library of Congress, 1995.
- Bravo, Ellen; Cassedy, Ellen: *The 9 to 5 guide to combating sexual harassment: Candid advice from 9 to 5*, The National Association of Working Women, John Wiley & Sons, Inc., New York, 1992.
- Commission of the European Communities: *How to combat sexual harassment at work. A guide to implementing the European Commission Code of Practice*, Brussels/Luxembourg, 1993.
- Deblieux, Mike: *Stopping sexual harassment before it starts: A business and legal perspective*, American Media Publishing, West Des Moines, 1998.
- Druce: "Prevent sexual harassment litigation", in *The Young Lawyer*, July/Aug. 1999, p.8.
- Hemphill, Hellen; Haines, Ray: *Discrimination, harassment and the failure of diversity training*, Quorum Books, Westpoint, United States, 1997.
- Herbert, Carrie: *Eliminating sexual harassment at work*, United Kingdom, 1994.
- Rubenstein, Michael: *Preventing and remedying sexual harassment at work*, 2nd edition, Industrial Relations Services, London, 1992.

著者紹介

アリアン・ラインハルト

ハンブルク大学（ドイツ）で法律を学ぶ。専門は国際公法。在ジュネーブ国際機関ドイツ政府代表部、少年刑事裁判所（ハンブルク）、民事地方裁判所（ハンブルク）などを経て、1998年よりILO本部（ジュネーブ）勤務。ILOでは国際労働基準局を経て、労使関係・労働行政局で労働法及び労使関係を担当。現在はフォルクスワーゲン社勤務。

［企画協力］ 高橋　誠（㈱創造開発研究所 代表取締役所長）

セクシュアル・ハラスメント

2000年9月19日　第1刷発行

著　者　アリアン・ラインハルト
監　訳　ILO東京支局
発行人　坪　和　輝　英

発行所　株式会社日科技連出版社
〒151-0051　東京都渋谷区千駄ヶ谷5-4-2
電話　出版　03-5379-1244～5
　　　営業　03-5379-1238～9
振替口座　東京　00170-1-7309

検印省略

印　刷　三　秀　舎
製　本　小実製本印刷工場

著作権©　1999　国際労働機関
日本語版著作権©　2000　日科技連出版社

Printed in Japan

ISBN4-8171-9112-0
URL http://www.juse-p.co.jp/

アイデア発想の決定版　絶賛発売中！

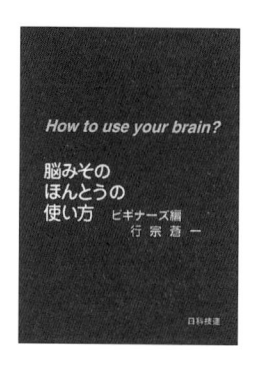

脳みそのほんとうの使い方
　　──ビギナーズ編──

●行宗　蒼一［著］
●定価（本体1,400円＋税）

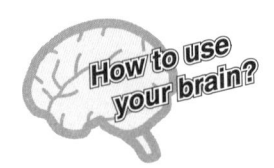

　人間の記憶力は20歳を過ぎるとどんどん低下していきます．しかし創造力は，それらの記憶を自由自在に組み合わせることで，死ぬまでアップしていくといわれます．ただしそれは努力した場合であって，積極的な努力を怠れば脳細胞は働きを失い，創造力は限りなくゼロに近づいてしまうことでしょう．
　では，どうすればいいのでしょうか？
　本書では，第Ⅰ部で脳の構造や活用法をわかりやすく解説したあと，第Ⅱ部ではさまざまな生活の場面で楽しむ脳みそ面白トレーニングを紹介しています．まずは気軽に挑戦してみてください．オモシロ楽しく読み進むうちに，きっとあなたの脳みそは人間本来のみずみずしい創造力を取り戻すことでしょう．
　今，企業が求めているのは記憶力つまり知識のある人ではありません．学歴や資格にかかわりなく，創造力つまり'知恵'を持った人たちなのです．
　いやビジネスマンに限りません．中高生や大学生あるいは主婦のみなさん，これから生涯学習を目指すあなたにとっても，楽しく豊かな脳みその使い方は，人間としての必修科目なのですよっ！！

★お求めは最寄りの書店または小社営業部☎03（5379）1238，FAX 03（3356）3419へ直接ご注文ください．定価は本体価格に別に税が加算されます．本体価格は2000年9月現在のものです．
URL http://www.juse-p.co.jp/

●日科技連出版社